맥주의 유혹

맥주의 유혹

저자 윤한샘

목차

I. 맥주와 함께 춤을
1. 인류 문명, 어쩌다 맥주 7
2. 오시리스여, 생명과 맥주를 주시나니 15
3. 천박한 맥주, 민중의 와인이 되다 25
4. 대영제국 맥주의 몰락한 꿈 33
5. 라거가 세상을 지배했을 때 41

II. 전지적 맥주시점입니다만
1. 영화, 전지적 맥주 시점으로 보다 51
2. 맥주잔을 보여주세요. 당신이 누구인지 맞춰볼게요 63
3. 맥주 팝 판타지아 73
4. 일상의 휴식처가 된 노동자의 쉼터 83
5. 축구 동반자, 그 이름은 맥주 95

III. 맥주, 세상을 외치다

  1. 맥주 한 잔을 들고 있는 당신, 자유롭다   111
  2. 맥주야, 정치를 부탁해   121
  3. 맥주 히치하이커를 위한 취향 안내서   131
  4. 낭만 터지는 브로맨스 맥주   141
  5. 녹두거리의 전설, 링고의 꿈   157

IV. 반항아들의 합창

  1. 바보야, 문제는 맥주가 아니야   167
  2. 하우스 맥주, 수제 맥주, 크래프트 맥주   181
  3. 크래프트 맥주에게 정치를 묻다   197
  4. 공간 속 피어난 크래프트 맥주   207
  5. 피지 않은 봄을 달래주는 맥주   221

PART 1
맥주와 함께 춤을

인류 문명, 어쩌다 맥주

"뽁뽁뽁 뽀로록, 뽀로로로록."

신기하다. 보리맥아를 우려낸 달달한 물에 효모를 넣은 것뿐인데, 그 위로 '뽁' 하고 거품이 올라온다. 작은 생명체들이 일을 시작했다는 신호다. 하늘을 날고, 화성에 로켓도 보내는 인간이지만, 맥즙을 맥주로 바꾸는 이 마법만큼은 흉내 낼 수 없다. 며칠 동안 양조장을 가득 채웠던 거품이 잦아들면, 발효는 끝나고 향긋한 냄새가 피어난다. 내가 가장 아끼는 액체, 맥주가 탄생하는 순간이다.

차가운 발효조에서 갓 꺼낸 맥주를 보면 늘 마음이 복잡해진다. 향은 괜찮을까? 쓴맛이 너무 강하진 않을까? 혹시 너무 맑아서 밍밍해 보이지는 않을까? 하지만 발효가 진행되는 동안 내가 할 수 있는 일은 없다. 그저 작은 마법사들이 좋은 컨디션으로 제 역할을 다하길 바랄 뿐. 원하는 맛이 나와줄 때면 안도의 숨을 내쉬며, 묵묵히 일해준 효모에게 조용히 인사를 건넨다. 수고했다.

지금 내가 효모에게 보내는 이 인사를, 수천 년 전 누군가도 했을 것이다. 그땐 아마 효모 대신 맥주의 신에게 기도를 올렸겠지. 더 간절하고 극진한 마음으로.

비옥한 초승달 속 인류

두 개의 강이 흐르는 땅, 메소포타미아. 비가 많지 않아 초록빛 식물이 변변치 않은 이곳에 사람들이 흘러들었다. 지금으로부터 일만 년 전, 수렵과 채집으로 삶을 이어가던 인류는 유프라테스강과 티그리스강이 만나는 두물머리에 이르러서 정착했다.

강물이 바다로 흘러가며 뿜었던 흙은 이내 기름진 땅으로 변했다. 사람들은 이 촉촉한 땅에 채집한 씨앗을 뿌렸다. 밀과 보리였다. 이들이 밀과 보리를 심기 시작하면서 맥주의 싹도 조용히 움트기 시작했다. 사람들은 이곳에 눌러앉기로 결심했다. 이제 더 이상 먹을 것을 찾아 돌아다닐 필요가 없었다.

식량이 충분해지자 삶이 안정되며 식구가 늘어났다. 정착민은 부족이 되고 작은 도시로 발전했다. 사람들이 모이면 권력이 생기는 법. 전쟁과 협력은 도시를 국가로 만들었다. 기원전 3000년 사람들은 이 지역을 수메르[Sumer]라고 불렀다.

수메르인들은 농경 생활을 바탕으로 성장했다. 자연은 풍요로운 삶을 약속하는 듯 보였지만 그렇지 않았다. 두 강에서 일어나는 불규칙한 홍수는 수메르인들을 고통스럽게 했다. 힘든 노동으로 일군 농작물이 한순간에 사라지는 경험은 목숨을 잃는 것과 같았다.

수메르인들은 순순히 굴복하지 않았다. 범람하는 강물을 막기 위해 관계시설을 구축하고 댐을 건설했다. 치수 사업은 자연스럽게 수학과 기하학, 건축 기술을 발전시켰다. 달과 별을 관찰해 농사 시기를 예측했고 바퀴를 발명해 운송과 보관 기술을 높였다.

농산물을 관리하고 기록하는 과정에서 문자도 태어났다. 문자는 문명과 선사시대를 가르는 중요한 기준이다. 수메르는 축적된 기술을 바탕으로 인류 최초의 도시국가로 발전했다. 척박한 자연환경이 오히려 문명이라는 반전을 가져다준 셈이다.

빵, 맥주가 되다

수메르인들은 건조한 곡물을 빻은 뒤 물로 반죽해 곡물죽이나 빵으로 만들었다. 이미 불을 이용해 벽돌을 구울 줄 알았던 수메르인들에게 화덕 정도는 애교였다. 빵은 지금 인도의 난이나 남미의 토르티야 같은 모습이었다.

사람들은 먹다 남은 빵과 곡물죽을 항아리에 보관했다. 어느 날 보관하던 빵에서 이상한 일이 벌어졌다. 시큼한 냄새가 나고 푸릇푸릇한 놈들도 보였다. 지금은 절대 쳐다보지도 않았을 것들을 처음 맛본 사람은 배가 고팠거나 도전 정신이 투철한 사람이었을 것이다.

안타깝지만 대부분 하루 종일 화장실에 틀어박혀 있었거나 심지어 죽었을 수도 있다. 그런데 몇몇 항아리에서 건진 빵들은 문제를 일으키지 않았다. 특히 물에 풀어져 죽처럼 된 빵에서 나온 액체가 괜찮았다.

이 액체는 사람을 죽거나 아프게 하지 않았다. 죽기는커녕 힘이 솟았을 뿐만 아니라 기분도 좋아졌다. 여러 번 도전 끝에 건강에 문제없다는 걸 깨달은 수메르인은 빵과 물을 섞어 죽으로 바꾼 다음 시원한 곳에 보관했다.

그다음은 신에게 맡길 일이었다. 인류가 효모라는 녀석을 밝혀 낸 건 겨우 200년 전이었다. 이전까지 양조에는 신의 가호가 필요했다. 수메르인들은 힘들게 얻은 마성의 액체에 '시카루'는 이름을 붙였다. 시카루, 맥주가 얻은 최초의 이름이었다.

맛있는 시카루를 허락한 신의 이름은 닌카시였다. 수메르인들은 대지와 농사를 관장하는 신을 여자로 생각했다. 곡물에서 태어난 맥주의 신, 닌카시도 여신이었다. 빵에서 나온 거친 죽이 닌카시의 손길을 거쳐 시카루가 된다고 믿었다.

닌카시, 당신은 꿀과 함께 큰 삽으로 빵의 반죽을 만드시네.
닌카시, 당신은 큰 화덕에서 빵을 구우시고, 곡물을 정리하시네.
닌카시, 당신은 땅에서 빵을 만드시고, 당신의 개로 하여금 지키게 하시네.
닌카시, 당신은 큰 통에 빵을 섞으시고, 위아래로 저으시고 저으시네.
닌카시, 당신은 뜨거운 빵죽(메시)를 큰 통에 뿌리시고 차갑게 식히시네.
닌카시, 그 훌륭한 달콤한 맥아즙을 손에 놓으시고 꿀과 포도주와 함께 맥주를 만드시네.
닌카시, 발효통 안에서 울려 퍼지는 즐거운 거품소리를 만드시네.
닌카시, 당신은 유프라테스강과 티그리스강의 물결처럼 맥주를 통으로 옮겨담으시네.

— 닌카시에 바치는 헌시 中

5000년 전 '닌카시에 바치는 헌시'에 기록된 맥주 재료와 양조 과정은 지금과 크게 다르지 않다. 먼저, 곡물로 구운 빵에 뜨거운

물을 넣어 빵죽을 만들어 저어준다. 꿀은 발효를 돕기 위한 도우미다. 달달한 맥즙이 담긴 통을 적당한 온도에서 보관하면 주위 효모들이 거품을 뿜어내며 발효를 시작한다. 마침내 뽀글거리는 소리가 끝나면 다시 통에 옮겨 양조를 마무리한다. 닌카시는 이 모든 과정을 보듬고 도와주는 존재다.

수천 년 동안 맥주 양조의 본질은 변함이 없다는 사실이 놀랍지 않은가. 외관과 향미는 차이가 있을지언정, 맥주 속 정체성은 동일하다. 맥주가 문화인 이유가 여기 있다. 다만, 시카루와 카스에 같은 피가 흐르고 있다는 사실이 믿기지 않을 뿐.

인생은 아름다워, 맥주와 함께

비옥한 수메르는 권력자들의 정복 대상이었다. 구릉이 얕은 사막 지형은 외부로부터 침입에 취약했다. 수메르, 아카드, 바빌로니아, 히타이트, 아시리아, 신바빌로니아 그리고 페르시아까지 끊임없이 전쟁이 이어졌다.

수메르인들에게 인생은 실존이었다. 언제라도 일상이 사라질 수 있다는 불안을 안고 살았다. 자연스럽게 이들은 시간이 날 때마다 가족, 친지, 친구들과 커다란 항아리에 둘러앉아 갈대 빨대로 시큼한 액체를 나눠 마셨다. 전쟁에 나가는 것을 최고의 불행, 맥주를 마시는 것을 인생 최고의 행복으로 여기며.

길가메시여, 손안에 품고 있는 아이를 보시고 당신의 아내가 품 안에 있다는 걸 기뻐하세요. 모든 인간은 죽기 위해 태어났습니다. 누구도 진짜 행복이 무엇인지 자랑할 수 없답니다. 침착한 마음으로 당신에게 일어나는 일들을 견뎌내세요… 세상은 그저 거쳐 가는 곳일 뿐이고 죽음이야말로 여행의 끝이랍니다.

— 길가메시 서사시, 기원전 2100년경

기원전 2100년경, 수메르에 전승된 '길가메시 서사시'를 보면 당시 사람들의 생각을 읽을 수 있다. 신의 힘을 가진 길가메시도 결국 죽음을 피할 수 없는 존재 아니던가. 신은 길가메시에게 영생을 찾아 헤매지 말고, 손안에 품고 있는 아이와 곁에 있는 아내에게 충실히 하라고 충고한다. 그것이 바로 행복이고 기쁨이라며.

수메르인들에게는 매 순간 최선을 다하는 게 중요했다. 부와 권력보다 친구들과의 맥주 한 잔이 더 값진 인생의 행복이다. 카르페 디엠.

맥주가 처음 태어난 이곳의 삶은 처절했고, 그래서 아름다웠다. 맥주는 신의 선물이 아니다. 맥주는 치열한 생존의 산물이다. 맥주에는 수메르인들이 자연에 맞섰던 결기가 들어있다. 좋은 시카루를 위해 닌카시에게 기도했던 간절함이 깃들어있다. 전쟁의 두려움을 잊고 사랑하는 사람들과 나눈 행복도 담겨있다.

맥주 뒤에는 인간의 역사가 있다. 맥주의 역사를 거슬러보는 것은 인간의 역사를 탐닉해 보는 것과 같다. 더 이상 맥주에서 닌카시의 손길을 느낄 수 없지만 수메르인들의 영혼은 남아있다. 맥주를 벌컥 들이켠 후, '캬'를 내뱉는 우리네 모습 속에.

오시리스여, 생명과 맥주를 주시나니

신이시여, 빵은 부스러지지 않게, 맥주는 시지 않게 해 주소서.

— 『에베르스 파피루스Ebers Papyrus』, BCE 1552

'아이구야…'

흠칫, 시선이 고정되며 식은땀이 흘렀다. 진짜 미라였다. 복제가 아니라, 생전의 시간이 고스란히 남아있는 진품. 미라는 허리를 웅크린 채 엎드려 있었다. 주위에는 그릇과 토기들이 놓여있었다.

이집트인들은 삶과 죽음의 경계를 두려워하지 않았다고 했지. 고대 이집트인들의 세계를 알고 있었기 때문일까. 엄습했던 공포는 금세 사라졌다. 그제야 건너편, 오시리스와 이시스의 그림도 눈에 들어왔다. 호루스를 바라보는 둘의 모습이 애틋했다.

대영박물관에 전시된 이집트 유물들은 숨이 막힐 정도였다. 사진으로만 보던 거대한 석상과 황금 조각상은 압도적이었다. 화려한 관 속에 누워 있는 미라는 비현실적이었고, 청동 고양이상은 살아 움직일 듯 생생했다.

그런데 진짜 시선을 끈 건 화려한 유물보다도 평범한 생활을 담은 그림과 조각들이었다. 음식과 술을 마시는 사람들, 나무로 둘러싸인 연못의 한가로움, 빵과 맥주를 만드는 점토 인형들. 소소한 장면들 앞에서 고대 이집트인들의 일상이 필름처럼 스쳐갔다.

죽음과 삶을 잇는 정거장

건조하고 메마른 아프리카 사막. 그 위를 한 줄기 푸른 강물이 가로지른다. 이집트의 유일한 강, 나일강이다. 에티오피아에서 시작된 이 물줄기는 남수단을 거쳐 이집트까지 6,700km를 흐른다.

매년 여름 에티오피아 폭우가 만든 큰 물줄기는 이집트에 이르러 거친 황소처럼 강물을 부풀게 했다. 수천 년 동안 강이 가져온 흙은 바다를 만나 넓은 평야가 되었고 인류에게 기름진 옥토를 선사했다.

사람들은 초록빛 강줄기를 따라가다 나일강 하류에 정착했다. 비옥한 땅과 온화한 기후는 먹고 남을 만큼 풍성한 밀과 보리를 안겨주었고, 거대한 사막과 협곡은 외부로부터 침입을 막아주었다. 자연이 제공한 터전에서 이집트인들은 오랜 풍요와 평화를 누렸다. 그러나 7월부터 시작되는 나일강의 홍수는 어쩔 수 없었다. 농경지는 파괴됐고 극심한 기근이 닥치기도 했다.

기원전 3000년, 이 고통에서 이집트인들을 해방시킨 왕이 등장했다. 메네스, 이집트 최초의 통일 국가를 이룩한 그는 멤피스에 수도를 정한 후 홍수를 막기 위한 댐을 계획했다. 도시 전체를 둘러싼 댐 건설은 이집트인들에게 큰 도전이었다.

하지만, 이 경이로운 토목공사를 성공적으로 끝낸 결과는 달콤했다. 자연을 다룰 수 있는 기술과 자부심을 얻자 강력하고 화려한 인류 문명이 사막에서 꽃을 피웠다.

오랜 기간 이어진 평화와 번영은 이집트인들을 죽음의 공포에서 해방했다. 이들은 사후에도 삶이 이어진다고 믿었다. 죽음이 끝이 아니라, 현세와 내세를 잇는 정거장일 뿐, 신에게 기댄 채 현재 삶에 만족하면 저승에서도 행복할 것이라 의심하지 않았다.

미라는 현생의 모습이 저승에서도 이어진다는 믿음의 결과였다. 내가 관 속 미라를 무서워하지 않은 이유를, 이제 이해하시려나.

나의 사랑, 나의 맥주

파라오는 신과 인간을 잇는 존재였다. 그의 무덤은 그 어떤 것보다 화려해야 했다. 할리우드 영화에서 보던 장면과 달리 피라미드는 억압과 착취의 산물이 아니었다. 이집트인들은 기꺼이 즐거운 마음으로 파라오의 무덤을 짓는 노동에 동참했다.

이들은 노예가 아니라 농민, 석공, 예술가 같은 자유인이었다. 물론 국가의 대역사에 참여하는 것은 단순히 자부심 때문만은 아니었다. 그것은 생계의 문제이기도 했다.

나일강이 범람하는 7월부터 9월까지 농민들은 농사를 지을 수 없었다. 파라오는 이 시기에 피라미드와 신전을 건설했다. 남자들은 근처에 조성된 마을에서 출퇴근하며 노동했고, 여성들은 나라에서 제공한 밀과 보리로 빵과 맥주를 만들었다.

노동의 대가로 받은 빵과 맥주는 이집트인들의 생계를 책임졌다. 특히 맥주는 고단한 몸에 힘을 주는 노동주였고 지친 정신을 보듬어주는 일종의 안정제였다.

메소포타미아에서 건너온 맥주는 이집트에서 큰 사랑을 받았다. 항아리에 둘러앉아 갈대 빨대로 맥주를 마시는 일은 일상이 됐다. 사람들과 함께 식사하거나 하루 종일 수다를 떨 때, 심지어 남녀 간 사랑을 고백할 때도, 곁에 맥주가 있었다.

어린아이부터 어른까지, 하층민부터 귀족까지 신분을 가리지 않고 모두가 맥주를 즐겼다. 이들에게 맥주는 술이 아니었다. 소통의 매개이자, 생명의 음료였다.

"오시리스의 눈에서 흘린 눈물, 호루스의 눈을 마시게나"

오시리스^{Osiris}, 신화에 따르면 그는 인류에게 율법과 농경을 전수하며 풍요와 질서를 선물한 최초의 이집트 왕이었다. 곁에는 넷째 오누이이자 아내인 이시스^{Isis}가 있었다. 지혜의 여신이자 곡물의 여신이었던 그녀는 인간에게 맥주 만드는 법을 전수했다고 전해진다.

오시리스와 이시스는 파라오뿐만 아니라 이집트 백성들에게 사랑받는 존재였다. 그러나 이들을 시기하는 신이 있었으니, 오시리스의 셋째 동생 세트^{Seth}였다. 사막의 신이자 폭풍의 신 세트는 오시리스를 질투한 나머지 그를 죽인 후, 이집트를 통치할 계획을 세웠다.

세트의 계략으로 오시리스는 목숨을 잃고 관에 담긴 채 강에 버려졌지만, 곧 사후 세계의 왕이 되었다. 이시스는 포기하지 않고 남편의 시신을 되찾았으나 세트에게 들키고 만다. 세트는 오시리스 시체를 열네 조각으로 찢어 물고기 먹이로 주며 다시는 이승으로 돌아오지 못하게 만들었다. 하지만 이시스는 끝까지 굴하지 않았다. 조각난 시신을 수습해 남편을 일시적으로 되살렸고, 그사이에 아들 호루스를 낳는다.

수년 후, 호루스와 이시스는 전쟁에서 승리하며 세트로부터 이집트를 되찾는다. 호루스는 저승을 다스리고 있던 아버지를 부활시키지만, 내세의 신으로서 남기로 한 오시리스는 풍요와 농업의 신, 부활과 저승의 신으로 이집트인들에게 숭배되었다.

장례 의식에서 제사장은 맥주 한 잔을 놓으며 말했다.
'오시리스의 눈에서 흘린 눈물, 호루스의 눈을 마시게나'.
— 야콥 블루메(김희상 옮김), 『맥주, 세상을 들이켜다』, 따비, 2010, 44-45쪽

이때의 '오시리스의 눈물'은 곧 맥주를 의미한다. 이승에서 저승으로 떠나는 이에게 바치는 마지막 음료. 오시리스의 눈물을 맥주로 비유한 표현은, 이집트인들이 맥주에 부여한 깊은 의미를 잘 보여준다.

맥주 먹고 토하는 즐거움을 허하노라.

Hqt^{Hnqt}, 헨케트, 고대 이집트인들은 맥주를 이렇게 불렀다.

맥주 양조는 예술에 가까운 일이었다. 양조사들은 모두 여성이었지만 큰 존경을 받았다. 맥주를 전수한 신은 이시스였지만 돌보고 관리하는 신은 테네네트^{Tenenet}라는 여신이었다. 사람들은 그녀가 이집트 전역에 있는 양조장을 보호하며 좋은 맥주를 만들어준다고 믿었다.

이집트에서 맥주를 즐기는 것은 흔한 일이었지만 서기를 준비하는 이들에게는 예외였다. 서기는 국가의 상급 관료였기에 오랜 시간 집중해 공부해야 했고, 때로는 과도한 음주로 인해 체벌을 받기도 했다. 이런 서기들도 술을 마시고 토해도 되는 시기가 있었으니, 바로 축제였다. 이집트 최고의 신 라^{Ra}는 태양의 신이자 파라오가 숭배하는 신이었다. 사람들은 라가 매일 12시간 배를 타고 하늘을 가로지르는 여행을 한다고 믿었다.

어느 날 라는 헬리오폴리스 신전에서 반역을 꾀하는 무리를 발견한다. 그는 딸 하토르^{Hathor}에게 이들을 처단하라고 명령했다. 본래 하토르는 하늘과 별의 여신이자 춤과 노래를 전한, 행복을 상징하는 존재였다. 하지만 그녀에게는 또 다른 얼굴이 있었다. 분노와 파괴의 신, 세크메트^Sekhmet.

세크메트가 된 하토르는 반역의 무리를 말살했다. 그러나 인간의 피를 맛본 그녀는 살육을 멈출 수 없었다. 이대로 가다간 인간 세상은 곧 끝날 듯 보였다. 그녀를 힘으로 제어하는 것이 불가능하다고 생각한 라는 꾀를 냈다. 7,000통의 붉은 맥주를 양조하라고 명령한 후 모두 들판에 부어 그녀를 유인한 것이다. 붉은색 맥주를 인간의 피로 착각한 세크메트는 하루 종일 퍼마시고 취해 잠이 들었다. 평온히 잠든 세크메트는 다시 하토르로 돌아왔고 인간은 멸종의 위험에서 벗어나게 되었다.

이 사건을 기념하는 축제가 여름마다 열렸다. 여름은 범람한 나일강이 적갈색 땅을 선물하는 계절이었다. 축제 때 사람들은 나이와 신분에 관계없이 맥주를 마시고 밤새 즐겼다. 이때 취하는 것은 전혀 흥이 아니었다. 인류의 생명을 구한 맥주를 마시고 취하는 것이 어찌 흥이 될 수 있었을까.

다시 볼 수 없는 이집트 맥주 문화

오랜 시간이 지난 지금, 피라미드는 그 화려했던 기억을 감춘 채 쓸쓸히 사막에 남아있다. 무너지지 않을 것 같았던 이집트 왕조는 클레오파트라의 죽음을 마지막으로 사라졌다. 그리고 그리스·로마와 비잔틴의 지배를 거쳐 서기 641년 이슬람의 국가가 되었다.

지금도 이집트에서 맥주는 합법이다. 현지 맥주도 생산된다. 그러나 맥주는 더 이상 문화가 아니다. 이집트의 일상에서 맥주는 사라졌다. 주로 외국인을 위한 호텔이나 고급 레스토랑, 혹은 술 전문점에서만 판매된다. 종교적 제약 때문이다.

고대 이집트의 맥주가 지녔던 낭만과 일상의 즐거움은 이제 이 땅에 없다. 만약 이집트에 옥토버페스트 같은 맥주 축제가 있었다면 어땠을까?

아마 독일이 아닌, 이집트가 우리의 맥주 성지가 되었을지도 모른다. 스핑크스와 피라미드 앞에서 열리는 축제라니. 상상만으로도 황홀하지 않은가.

맥주는 문명과 함께 태어났다.

그리고 지금 내 핏줄 속에 문화로 흐르고 있다.

천박한 맥주, 민중의 와인이 되다

'존나게 버티면' 원하는 것을 얻을 수 있을까? 첫 직장에서 버텼다면, 결혼하지 않았다면, 맥주보다 와인을 공부했다면 지금보다 행복하고 풍족한 삶을 살고 있을까? 아무도 모른다. 결과를 안다면 인생이 이렇게 드라마틱하지 않겠지.

그래도 반백 년을 살아보니 세상은 노력의 값을 쳐주는 거 같다. 시간이 걸리더라도 노력하고 버틴 사람에게 반드시 한 번의 기회는 오더라. '존버'는 그 기회를 성공으로 바꾸기 위해 갈고 닦은 시간의 다른 이름일 뿐이다.

그래서인지 사람들은 무시당하던 자들의 복수나 밑바닥 인생의 역전 스토리에 환호한다. 술의 세계도 비슷하다. 만약 내가 '술의 시대'라는 대하드라마를 찍는다면 어김없이 맥주를 주인공으로 캐스팅할 것이다. 감독으로서 감히 주장한다. 맥주야말로 바닥을 찍고 존버를 통해 세상을 평정한 술이라고.

메소포타미아 문명에서 태어난 맥주는 그리스가 패권을 가져가기 전까지 가장 인기 있는 음료였다. 하지만 역사의 균형추가 중앙아시아에서 지중해로 넘어오면서 힘을 잃기 시작했다. 페니키아인이 전파한 와인은 그리스인에게 권력을 쥐여 주었다.

산과 구릉이 많은 그리스는 곡물보다 포도와 올리브 농사에 적합했다. 특히 아테네는 와인과 올리브유 무역으로 부를 쌓았다. 기원전 499년 바다 건너 페르시아와 여러 차례 전쟁을 견뎌낸 아테네는 스파르타와 함께 지중해의 왕좌를 차지할 수 있었다. 와인의 힘도 그만큼 세졌다.

"보리로 만든 술을 마시는 족속이라니…"

고대 그리스 작가 아이스킬로스는 중앙아시아 민족을 맥주나 마시는 미천한 종족으로 묘사했다. 포도를 주렁주렁 달고 있는 술의 신, 디오니소스만 봐도 와인을 향한 그리스인들의 사랑을 짐작할 수 있다. 그들에게 와인은 아름다운 색깔과 향미를 가진 신의 물방울이었지만 맥주는 시큼하고 텁텁한 맛없는 음료였다.

이 흐름은 로마로 전승되었다. 로마는 그 어떤 나라보다 와인을 찬양한 '제국'이었다. 브리타니아(지금의 영국), 갈리아(프랑스), 히스파니아(스페인), 그리스, 아시아 지역(지금의 터키 서부), 이집트, 그리고 북아프리카까지 인류 역사상 가장 거대한 제국을 건설한 로마인들에게 맥주는 비천한 술로 취급받았다.

> 그들은 보리나 밀을 포도주처럼 발효시켜 마신다. 레누스강과 다누비우스강 근처에 사는 부족들은 포도주도 사서 마신다…. 음주와 관련해서는 그들에게 그런 자제력이 없다. 원하는 만큼 술을 대줌으로써 그들의 주벽에 맞장구쳐준다면…
> — 게르마니아 23장, 타키투스(천병희 옮김), 『게르마니아』, 숲, 2012, 101-102쪽

로마의 북쪽 땅, 게르마니아에는 아직 문명의 혜택을 받지 못한 사람들이 살고 있었다. 로마인들은 이들을 야만족, 바바리안이라고 불렀다. 춥고 척박했던 게르마니아에서는 포도가 나지 않아 와인을 마실 수 없었다. 곡물을 발효한 맥주가 최고의 술이자 안전한 물이었다. 물론, 문명인 로마인들의 생각은 달랐다. 야만족들이 마시는 맥주는 노예에게나 어울리는 천박한 음료였다.

서기 98년, 로마의 역사학자 타키투스는 『게르마니아』에서 게

르만족의 생활과 음주 습관을 기록했다. 포도가 없었기에 보리와 밀로 만든 맥주를 밤낮으로 마시는 모습이 안타까웠던 모양이다. 탁한 색, 걸쭉한 질감, 시큼한 맛이 나는 맥주는 동물이나 먹는 꿀꿀이죽과 다름없다고 생각했을지도 모른다.

"뭐라고, 와인을 마신다고?! 거 어디 출신이신가?
와인에 맹세코 나는 아직 너를 모르네.
와인은 신들이 즐기는 맛이라네.
그런데 자네에게서는 산양의 고약한 악취가 나는군.
포도를 구경할 수 없는 토이토니아의 인간들은
보리죽이나 마신다면서,
보리죽 따위가 그리도 좋더냐.
불쾌하기 짝이 없는 소음으로
괴로워하기 싫거든, 포도즙을 마시려무나,
와인처럼 사람을 유쾌하게 만드는 게 또 있더냐."

— 야콥 블루메(김희상 옮김), 『맥주, 세상을 들이켜다』, 따비, 2010, 80-81쪽

서기 361년 율리아누스 황제는 대놓고 맥주를 무시했다. 산양의 고약한 악취, 토이토니아 인간들은 게르만족들을 의미한다. 황제는 야만족들이 마시는 맥주를 보리죽이라고 폄훼했다. 그리고 타키투스와 마찬가지로 하루 종일 맥주를 마시고 떠드는 존재라며 게르만족을 무시했다. 와인은 로마인들의 우월성을 증명하는 허망한 잣대였다.

민중의 와인, 맥주

사람 일은 알 수 없다. 율리아누스 황제가 맥주를 무시한 지 100년이 지난 서기 476년, 게르만족 출신 오도아케르에 의해서 서로마가 멸망했다. 2천 년 동안 견고한 문명을 자랑하던 로마는 부패한 권력과 도덕적 해이, 심각한 빈부격차를 겪으며 서서히 추락했다.

177년 스스로를 신이라 칭했던 콤모두스 황제가 원흉이었다. 검투사 놀이에 빠져 국정을 등한시했고 사치와 향락으로 국가 재정을 파탄 냈다. 15년 뒤 결국 암살을 당하지만 이미 로마는 돌이킬 수 없는 나락으로 떨어진 뒤였다.

50년 동안 30명의 군인이 나라를 다스렸던 군인황제시대 이후 로마는 갈림길에 서게 된다. 330년 콘스탄티누스 황제가 오랫동안 탄압받던 기독교를 공인하며 지금의 이스탄불로 수도를 옮겼다. 모든 로마의 권력은 동쪽으로 움직였다.

80년 뒤 테오도시우스 황제가 로마를 동과 서로 완전히 분리하며 서로마 지역은 무주공산이 되어 버렸다. 호시탐탐 로마 침탈을 노리던 게르만족이 이 기회를 놓칠 리가 없었다. 찬란했던 로마 문명은 그토록 무시했던 바바리안에게 변변한 저항도 못 하고 허망하게 무너졌다.

서유럽은 돌이킬 수 없을 정도로 망가졌다. 크고 작은 전쟁이 지속되며 사분오열 찢어졌다. 그 와중에 흑사병도 퍼져 인구의 반이 사라져버렸다. 문명을 재건할 힘을 잃은 채, 유럽은 무질서와 죽음이 판치는 암흑기로 들어섰다. 암흑기, 이 혹독한 시절, 민중들의 위안처는 기독교였다. 내세를 약속한 예수는 하루하루를 버틸 수 있는 정신적 지주였다.

예수가 정신적 버팀목이었다면 맥주는 현실적 버팀목이었다. 맥주는 물보다 안전했다. 예수는 와인으로 기적을 일으켰지만, 민중들은 맥주를 마시며 전염병을 극복하며 생계를 이어갔다. 맥주는 술 세계에서 가장 현실적인 구원이자 생존 수단이었다. 특히 기독교의 수호지였던 수도원은 중세시대 맥주 발전의 큰 축이었다.

수도원은 신분을 가리지 않고 방문자 모두에게 맥주를 제공했다. 맥주 앞에서는 누구나 평등했다. 신분 귀천과 관계없이 맥주를 마실 수 있었다. 맥주 발전도 수도원에서 시작됐다. 문자를 몰랐던 평민과 달리 수도사는 맥주 양조 기술을 기록하고 전수할 수 있었다.

로마인이 그렇게 무시했던 맥주가 그토록 탄압했던 기독교를 통해 민중의 와인으로 무대에 복귀한 순간이었다.

맥주의 왕, 카를 대제

중세의 혼란을 정리하고 새로운 도약을 이끈 주인공은 카를 대제였다. 게르만의 핏줄, 프랑크족의 왕이었던 그는 정복 전쟁을 통해 서로마 제국 영토를 회복했다. 토착신앙을 믿는 게르만 부족들에게는 기독교를 전파하며 정신적 통합을 시도하고자 했다.

독실한 기독교 신자였던 카를 대제는 누구보다 맥주를 사랑한 사람이었다. 유럽 곳곳 원정을 다니며 수도원을 세우고 훌륭한 맥주 양조를 독려했다. 8세기 말에는 서로마 영토를 거의 회복한 그는 유럽에서 가장 강력한 군주로 올라섰다. 그리고 위기에 빠진 교황을 구한 공로로 800년 12월 25일 서로마 황제의 관을 머리에 쓰며 로마의 정통성을 인정받았다.

로마인들이 그토록 경멸했던 게르마니아 혈통 카를이 서로마 제국의 황제가 되고, 야만족 음료로 천대받던 맥주가 유럽을 대표하는 술로 자리매김하는, 극적인 전환점이었다. 대하드라마 '술의 시대'에서 이보다 드라마틱한 반전이 있으랴.

맥주는 알코올 도수가 낮고 식수보다 안전해 아이부터 어른까지 신분과 귀천을 가리지 않고 사랑받았다. 중세를 지나며 맥주는 평범한 이들이 즐기는 음료로 자리 잡는다. 그뿐만 아니라 공동체를 연결하고 고된 하루의 일상을 시원하게 씻어주는 역할도 수행했다.

술 세계에서 맥주만큼 존버한 술이 있으면 나와보시라. 20세기를 거치며 맥주는 전 세계 모든 곳에서 마실 수 있는 유일한 술이 된다. 남미의 마추픽추, 미국의 알래스카와 아프리카 이집트까지 사랑받지 않는 곳을 찾는 게 더 힘들다.

존버가 회의적일 땐, 맥주 한 잔을 따라보라. 거품 속에서 답을 찾게 될지도 모른다. 믿지 못하겠다면 수행하는 마음으로 맥주를 천천히 마셔보시라. 황금빛 속에 활발히 피어나는 작은 탄산에 존버로 지친 심신이 안정될 것이다. 그리스·로마 시대, 힘들고 고통받던 시기를 버틴 맥주가 고달픈 삶을 사는 우리에게 건네는 메시지는 그래서 여전히 유효하다. **존버! 아니, 건배!**

대영제국 맥주의 몰락한 꿈

칠흑 같은 수면, 무엇인가 반짝인다. 출렁이는 파도의 리듬에 따라 불빛은 점점 커지며 밝게 타올랐다. 프랑스 칼레에 머물고 있던 300척이 넘는 스페인 함대는 이 불빛이 자신들의 운명에 어떤 결과를 가져올지 상상도 하지 못했다.

그 순간 하나로 보였던 불빛은 수십 개가 되어 빠른 속도로 돌진했다. 그제야 스페인 함대 파수꾼은 허겁지겁 갑판 위로 뛰어 내려갔다. 우왕좌왕하는 사이, 불빛으로만 생각했던 것들은 검은 연기와 불을 뿜으며 서로 묶여있는 스페인 선단에 부딪혔다.

1588년, 프랑스 칼레에 정박했던 스페인 함대가 작고 빠른 영국의 화공선에 불타올랐다. 막강한 위용을 자랑했던 무적함대는 출정도 못 하고 바다 밑으로 가라앉았다. 칼레해전이라고 명명된 이 전투는 유럽 무대에서 스페인을 끌어내리고 세계의 균형추를 영국으로 가져갔다.

해가 지지않는 나라, 영국

17세기 이전 섬나라 영국은 유럽의 변방이었다. 헨리 8세는 여러 차례 신성로마제국의 왕이 되려고 했지만, 관심조차 받지 못했다. 심지어 국교를 가톨릭에서 성공회로 바꾸며 고립의 길을 선택했다.

나라도 가난했다. 헨리 8세의 딸, 엘리자베스 여왕은 영국 해적이 스페인 상선을 약탈하는 것을 비공식적으로 지원했다. 칼레해전을 승리로 이끈 해군 제독, 프랜시스 드레이크는 과거 해적 두목으로 활동했던 인물이었다.

스페인 왕 펠리페 2세는 영국이 가톨릭을 핍박한다는 핑계로 무적함대를 움직였지만, 사실 드레이크의 잦은 약탈에 짜증이 나 있었다. 무적함대가 정박해 있던 프랑스 칼레는 영국과 가장 가까운 거리에 있는 도시였다. 승리를 확신하며 추가 병력을 채우고 곧 출항하려던 차에 영국 화공선의 일격을 맞은 것이다.

이 사건은 유럽 전체에 충격을 던졌다. 누구도 스페인이 영국에게 질 거로 생각하지 않았다. 만약 정상적으로 무적함대가 출발했다면 영국은 한동안 스페인 치하에 있었을지도 모른다. 세간의 평가를 뒤집고 승리한 엘리자베스 여왕은 칼레해전을 통해 해양 강국으로서 기반을 다졌다. 반면 스페인은 무적함대가 궤멸하면서 힘을 잃었다.

18세기가 되면서 영국은 강력한 해상권을 바탕으로 북아메리카, 아프리카 그리고 아시아 전역을 자신들의 시장으로 삼았다. 아시아에서 향신료와 면화를, 아프리카에서 흑인 노예무역을 통해 경제를 발전시켰고 결국 인도라는 거대한 시장을 차지했다.

이렇게 쌓인 자본은 영국의 성장을 이끌었다. 애덤 스미스는 경제의 기초를 마련했고 아이작 뉴턴은 과학의 토대를 구축했다. 게다가 와튼의 증기기관은 인간의 노동력을 기계로 대체하며 인류가 한 번도 경험하지 못한 생산성의 향상과 부를 가져왔다. 바로 1차 산업혁명이었다.

인도, 맥주가 필요해!

산업혁명으로 영국은 '해가 지지 않는 나라'가 됐다. 본토는 작았지만, 수많은 자치령과 식민지로 전 세계를 호령했다. 가장 중요한 곳은 인도였다. 인도의 향신료와 면화는 산업혁명 탄생에 핵심적 역할을 했다. 증기기관이 주로 적용되었던 분야도 방직 산업이었다.

런던은 세계에서 가장 부유하고 발전된 도시였지만 급격한 도시화와 빈부격차로 갖가지 문제를 겪고 있었다. 새로운 기회를 찾던 영국인들은 기회의 땅, 인도에 몸을 실었다. 인도가 단순한 식민지를 넘어 제2의 영국이 될 것으로 기대했다.

그러나 인도는 만만한 곳이 아니었다. 덥고 습한 환경이 영국인들을 힘들게 했다. 어렸을 적부터 물처럼 마셨던 맥주가 없다는 사실은 그들에게 재앙이었다. 갈증을 해소할 맥주가 절실했다.

당시 인도 기후에서 맥주 양조는 불가능했다. 자연스럽게 인도로 보내는 물품 사이에서 맥주는 가장 중요한 상품으로 떠올랐다. 여정은 절대 수월치 않았다. 런던, 맨체스터, 리버풀을 떠난 배는 대서양을 지나 아프리카 대륙을 통과하며 적도를 두 번이나 넘어야 했다. 장장 9개월에서 12개월이나 걸리는 험난한 여정이었다.

맥주에게는 지나치게 험한 여정이었다. 다양한 맥주가 항구를 떠났지만 최종 상태는 오직 신만이 알 수 있었다. 인도 항구에 도착한 맥주는 전문가의 검수를 받아 경매에 부쳐졌다. 가격은 오직 품질로 결정됐다. 양조장의 명성이나 이름은 중요하지 않았다.

홉과 알코올의 선물, 인디아 페일 에일

인도 수출용 맥주에는 품질 유지를 위한 장치가 필요했다. 양조사들은 홉이라는 식물을 넣으면 맥주가 쉽게 변질되지 않는다는 사실을 알고 있었다. 알코올을 높이면 균에 쉽게 오염되지 않는다는 것도 알았다. 인도행 맥주에는 선명한 홉 향과 쓴맛이 녹아있었다.

그러던 어느 날, 인도 콜카타 항구에서 맥주를 검수하던 경매사들은 이제껏 경험하지 못했던 맥주를 발견했다. 밝은 색깔과 섬세한 쓴맛, 그리고 홉에서 나오는 풍부한 향에 환호했다. 그 맥주는 금세 인도시장을 점령했다. 주인공은 런던 템스강 어귀에 있는 보우 양조장에서 만든 옥토버비어였다.

옥토버비어는 늦가을 시골에서 양조해 마시던 맥주였다. 냉장고가 없던 시절, 10월은 겨울이 오기 전 양조를 할 수 있는 마지막 시기였다. 그해 수확한 곡물을 잔뜩 넣어 알코올을 높인 맥주는 겨울 동안 내내 숙성이 가능했다. 사람들은 이 맥주에 옥토버비어라는 이름을 붙였다. 인도 여정은 어쩌면 오랜 숙성 기간이 필요했던 옥토버비어에게 천혜의 조건이었는지 모른다.

인도에서 히트한 옥토버비어는 '호지슨 페일 에일'이라는 이름을 얻었다. 양조장 대표자와 밝은색이 조합된 이 명칭은 인도 최초의 맥주 브랜드가 됐다. 인도에서의 인기는 본토에도 영향을 미쳤다. 런던에서는 '인디아 에일', '인도시장을 위해 특별히 양조한 페일 에일', '더운 지역에 어울리는 페일 에일', '인디안비어' 등으로 판매가 됐다.

다양하게 불리던 이 맥주는 1837년 드디어 인디아 페일 에일 India Pale Ale이라는 정식 이름을 갖게 된다. 어떤 맥주였을까? 밝은색이라고 하지만 단풍잎 색 정도 되지 않았을까? 영국 홉에서 나오는 허브 향과 살짝 혀를 아리게 하는 쓴맛은 숙성을 거치며 부드러워졌을 것이다. 오크통 숙성에서 오는 나무 향이 은근히 배어 있었을지도 모른다. 왜 가정법으로 이야기할까? 지금은 원래 모습을 찾을 수 없기 때문이다. 호지슨의 지나친 욕심이 잘 나가던 자신의 맥주를 역사에서 지워버렸다.

상생하지 않는 자, 몰락하리니

1822년 런던, 동인도회사의 이사, 캠벨 메이저뱅크스는 두 양조장의 대표를 저녁 식사에 초대했다. 그는 호지슨의 인디아 페일 에일IPA 샘플을 건네주며, 비슷한 맥주를 인도에 수출할 것을 제안했다. 도대체 무슨 일이 있었기에 동인도회사가 직접 움직여 맥주 수출을 제안한것일까?

그 이유는 호지슨의 욕심에 있었다. 호지슨 맥주는 인도뿐만 아니라 세계시장에서 승승장구했다. 보우 양조장의 후계자였던 프레데릭 호지슨은 독과점 구조를 이용해 더 많은 돈을 벌고자 했다.

먼저, 인도에서 팔리는 맥주 가격을 2% 인상했다. 그러고는 자신이 직접 해상운송 회사를 세워 물류를 장악하고 동인도회사에 주었던 18개월의 외상을 없애 보다 많은 현금을 확보했다.

시장 질서가 최우선이었던 동인도회사는 이런 조치를 용납할 수 없었다. 캠벨은 호지슨의 독점을 견제하고자 다른 양조장에 은밀한 제안을 했다. 저녁 만찬에 초대된 양조장은 알솝과 바스였다. 두 곳 모두 런던에서 200km 정도 떨어진 '버튼 온 트렌트'라는 지역에 자리하고 있었다. 새로운 사업 기회를 마다할 리 없었던 두 양조장은 자신들의 IPA를 인도시장에 출시했다.

결과는 놀라웠다. 알솝과 바스의 IPA는 호지슨을 압도하기 시작했다. 특히 바스는 시장 주도권을 쥐며, 인도뿐만 아니라 런던시장까지 점령했다.

비밀은 '물'에 있었다. 황산염이 풍부한 버튼 온 트렌트의 물이 런던의 물보다 홉 향을 더 풍성하고 섬세하게 다듬었다. 또한 상대적으로 낮은 미네랄은 맥주가 더 밝은색을 갖는 데 기여했다. 버튼 온 트렌트 IPA는 호지슨보다 더 세련된 향미와 밝은색을 품었다.

사람들은 밝은 적갈색이 흐드러지고 향긋한 홉 향이 맴도는 버튼 온 트렌트 IPA를 선호했다. 시장은 냉정했다. 호지슨은 버튼 온 트렌트 에일의 비밀이 물에 있는지 알지 못했다. 시장 점유율은 거짓말 같이 역전됐다. 그리고 알솝과 바스가 인도에 들어온 지 20년 만에 결국 호지슨 IPA는 완전히 사라졌다.

만약 프레데릭 호지슨이 욕심을 부리지 않았다면 어땠을까? 영국 맥주를 대표하며 역사와 전통을 이어가고 있었을까? 모르겠다. 불변하는 진리는 지나친 욕심이 항상 적을 만든다는 것이다. 상생 없는 독주는 한계를 드러내기 마련이다. 작은 화공선에 침몰한 무적함대, 변방의 양조장에 쓰러진 호지슨 그리고 해가 져버린 나라 영국이 알려주는 교훈은 명확하다.

어깨에 들어간 뽕 빨리 빼고, 항상 깨어있으라고.

라거가 세상을 지배했을 때

'When Dinosaurs Ruled the Earth'

무너진 전시관, 거대한 울음소리가 고막을 찢을 듯 울린다. 거대한 티라노사우르스가 랩터를 공격하고 있는 틈을 타 그랜트 박사 일행이 문을 향해 뛰고 있었다. 간신히 탈출한 전시관 속, 울부짖는 티라노사우르스 앞으로 빛바랜 플래카드가 무력하게 떨어지고 있었다. '공룡이 지구를 지배했을 때', 원래 이곳의 주인공은 공룡이었다는 경고와 함께.

1993년 상영된 '쥬라기 공원'은 말 그대로 충격이었다. 지금은 없어진 피카디리 극장을 나서며 마음을 추스르던 기억이 생생하다. 실제로 살아 움직이는 공룡이라니! CG에 익숙한 요즘 세대는 이해하지 못할 거다. 그랜트 박사 뒤에서 풀을 뜯어 먹고 있는 거대한 브론토사우루스와 초원을 뛰어다니는 갈리미무스 무리가 얼마나 심장을 뛰게 했는지.

맥주 세계에도 오랫동안 세상을 군림했던 공룡이 있었다. 이름하여 에일! 상온에서 발효하는 효모는 인류에게 에일이라는 맥주를 선물했다. 냉장고가 발명되기 전, 어둡고 미지근한 에일 맥주는 수천 년간 맥주 세계의 왕좌를 차지하고 있었다.

에일이 멸종의 길로 들어선 시기는 19세기 후반이다. 에일을 왕좌에서 끌어내린 주인공은 라거였다. 15세기, 얼음 덮인 알프스 산맥에서 우연히 발견된 뒤, 간신히 명맥을 유지하던 라거에 무슨 일이 생긴 걸까?

에일과 라거, 같지만 다른 맥주 마법사

에일과 라거, 맥주 세계는 크게 두 종류로 나뉜다. 차이는 간단하다. 에일 효모가 만들면 에일 맥주, 라거 효모가 만들면 라거 맥주다. 그런데 두 효모에는 명확한 차이점이 있다.

에일 효모는 섭씨 20도 정도의 상온에서 짧은 기간 발효를 끝낸다. 반면 라거 효모는 섭씨 10도 정도 온도에서 오랜 기간 천천히 발효를 진행한다. 또한 에일 효모는 다양하고 복합적인 향을 만들지만, 라거 효모는 향 대신 깔끔하고 청량한 느낌을 선사한다.

두 효모는 구조도 다르다. 라거 효모의 유전자를 분석한 결과, 반은 에일 효모와 비슷하지만 나머지 반은 완전히 다르다는 것이 밝혀졌다. 나머지 반은 어디서 왔을까? 최근 라거 효모 유전자의 50%가 유럽이 아닌 남미 파타고니아의 야생 효모와 동일하다는 설이 제기됐다. 남미에서 우연히 유럽으로 건너온 효모가 에일 효모와 만나 변종이 됐다는 주장이다.

머나먼 남미에서 어떻게 유럽의 알프스 산골짜기로 넘어왔는지 아무도 모르지만, 라거 효모는 500년 전 우연한 기회에 인간을 만나 마법을 부렸다. 사람들은 차가운 환경에서도 맥주가 나온다는 사실을 깨달았다.

하지만 안정적인 품질을 얻기 힘들었다. 인간에게는 낮은 온도를 오랫동안 유지할 기술이 없었다. 냉장고가 발명되기 전, 라거는 쉽게 만들 수 있는 맥주가 아니었다.

에일은 달랐다. 상온에서 발효한 덕분에 메소포타미아에서 태어난 이후, 수천 년간 인류와 함께했다. 산업혁명 시기에는 대영제국의 든든한 지원을 받으며 포터, 페일 에일, IPA 같은 다양한 모습으로 세계를 지배했다.

에일이라는 견고한 둑이 무너진 시기는 19세기 후반이었다. 공신은 파스퇴르였다. 그는 맥주 연구를 통해 미생물이 발효를 일으킨다는 사실을 증명했다. 당시 기득권을 쥐고 있던 화학자들이 강력하게 반발했지만, 1862년 파스퇴르는 '백조목 플라스크 실험'으로 간단하게 이들을 제압해 버렸다. 이때부터 맥주 양조는 과학의 영역으로 들어서게 된다.

1876년 탄저균의 정체를 밝힌 로베르토 코흐의 역할도 컸다. 그는 한천 배지를 이용해 세균을 분리하고 배양하는 방법을 고안했다. 특정 질병의 원인을 찾아내는 세균학과 백신과 항생제 개발이 시작되며 현대 의학의 싹이 움텄다. 맥주가 태어난 지 수천 년이 지나서야 양조자들은 맥주가 신이 아닌 인간의 영역임을 받아들였다.

과학과 기술에서 피어난 라거 혁명

그 무렵 라거에 목숨을 건 사람들이 있었다. 가브리엘 제들마이어 2세, 야콥 야콥센, 안톤 드레허, 이 세 사람은 라거 발전을 위해 한평생을 바친 양조사들이었다. 파스퇴르가 큰 역할을 했다. 이들은 안정적인 라거를 생산할 수 있는 효모와 저온에서 발효할 수 있는 기술을 확보하는 데 온 힘을 기울였다. 독일 뮌헨 슈파텐 양조장 대표 가브리엘 제들마이어 2세가 먼저 움직였다. 뮌헨 공대 교수 칼 폰 린데를 영입해 저온 발효를 위한 냉장 시설 개발을 시작한 것이다.

가브리엘 제들마이어 2세의 금전적 지원 아래 칼 폰 린데는 1876년 맥주 공정에 적용할 수 있는 냉장 시설을 발명했다. 슈파텐은 곧바로 황금색 라거 맥주 생산에 돌입했다. 1892년 태어난 뮌헨의 밝은색 라거, 헬레스가 바로 이 도전의 결과물이다.

덴마크 칼스버그를 이끌었던 야콥 야콥센은 또 다른 쾌거를 이룬다. 1883년 칼스버그 연구소장 에밀 크리스티안 한센이 라거 효모의 순수 분리 배양에 성공한 것이다. 이전까지 순수한 라거 효모를 얻는 건 쉬운 일이 아니었다. 라거 효모와 섞여있는 미생물을 완전하게 분리할 방법이 존재하지 않았다.

코흐의 배지법이 빛을 발했다. 한센은 배지법을 이용해 라거 효모 균체를 순수하게 분리, 배양하는 데 성공했다. 덕분에 품질은 일정해졌고 향미는 순수해졌다. 바야흐로 라거의 시대가 열린 것이다.

1842년 체코 필젠에서 탄생한 필스너 우르켈이 라거의 등대가 됐다. 최초의 황금빛 맥주, 필스너 우르켈은 라거의 끝판왕이었다. 독일을 중심으로 북유럽 양조장들이 이 빛을 따라 밝은색 라거 출시에 열을 올렸다. 하이네켄, 라데베르거, 슈파텐 같은 맥주들이 줄줄이 세상에 모습을 드러냈다. 에일에 찌들어 있던 사람들은 새로운 스타일의 맥주에 열광했다. 아름다운 황금색, 깔끔한 맛, 시원한 목 넘김까지 이제껏 보지 못한 라거의 출현은 혁명이 됐고 맥주 세계는 순식간에 뒤집어졌다.

반면 영국 양조장들은 변화를 외면했다. 여전히 자신들이 최고라는 자만심에 취해있었다. 전통 수호라는 명목을 내세웠지만 비즈니스 세계는 냉정했다. 페일 에일, IPA 같은 맥주계의 공룡들은 라거에 밀려 선반에서 사라지기 시작했다. 에일과 함께 영국 맥주의 해는 서서히 서쪽으로 지고 있었다.

미국, 라거에 화룡점정을 찍다

라거 맥주의 마지막 퍼즐은 미국에서 완성되었다. 1908년 헨리 포드의 컨베이어 벨트 시스템은 라거의 대량생산에 불을 붙였다. 대량생산은 양조 단계를 단순화하고 단가를 낮췄다. 맥주는 합리적인 가격과 일정한 품질을 갖춘 공산품의 반열에 올랐다. 호불호가 없었던 라거는 대중들의 사랑을 받았다.

미국 맥주를 호랑이 등에 올라타게 한 인물들은 독일계 이민자였다. 버드와이저의 아돌푸스 부쉬, 밀러의 프레드릭 밀러, 쿠어스의 아돌프 쿠어스는 미국에 풍부한 옥수수 전분을 첨가해 미국 라거를 완성했다. 낮은 쓴맛과 알코올, 상쾌한 청량감, 저렴한 가격을 자랑하는 미국 라거는 조금씩 맥주 세계를 장악해갔다.

화룡점정은 1925년 GM이 발명한 가정용 냉장고였다. 누구나 집에서 차가운 라거의 매력을 즐길 수 있다는 사실은 맥주 유통의 혁명을 일으켰다. 게다가 세계대전 이후 강대국이 된 미국은 자신들의 맥주를 전 세계에 문화 상품으로 수출했다.

버드와이저, 밀러, 쿠어스, 슐리츠는 리바이스, 맥도날드, 코카콜라처럼 미국 문화를 대변하는 힙한 상품이 됐다. 카스, 테라, 아사히, 칭다오 모두 미국 라거에서 영향을 받은 맥주들이다. 'When Lagers Ruled the World', 드디어 라거가 세상을 지배한 순간이 도래한 것이다.

여전히 라거는 전 세계 맥주 시장의 90%를 차지하고 있다. 우리는 현재 라거의 세계에 살고 있다. 영국 에일은 마시고 싶어도 찾기 힘들다. 혁명이니, 운동이니 요란한 듯 보이는 크래프트 맥주

PART 1. 맥주와 함께 춤을

는 아직 찻잔 속 태풍이요, 시끄러운 변죽에 불과하다.

　라거가 이 패권을 계속 이어갈 수 있을까? 아마도. 갈증을 해소해 주는데 라거를 대체할 술이 있을까? 우리의 본능을 해결해 줄 수 있다는 이유만으로 라거의 왕좌는 이어질 듯하다. 하지만 또 아는가? 맥주 세계에 소행성이 떨어질지. 아니면 호박 속에서 잠자고 있는 에일을 누군가 깨울지.

PART 2
전지적 맥주시점입니다만

영화, 전지적 맥주 시점으로 보다

굴레를 벗긴 붉은 정화수

빛도 들지 않는 3등 칸. 아일랜드 백파이프와 바이올린의 흥겨운 멜로디가 가득하다. 음악에 맞춰 한 무리의 사람들이 무대에서 춤을 추고 있다. 초라한 행색의 군중 속, 진한 화장을 한 채 발을 맞추고 있는 한 여인이 보인다. 한눈에 봐도 이곳과 어울리지 않는다. 음악이 멈추고 한숨을 돌리던 여인은 테이블에 놓인 맥주를 단숨에 들이켠다. 놀란 눈으로 바라보는 남자. 그녀는 별일 아니라는 듯 흘긋 보며 한마디 던진다.

"왜요? 1등 칸 여자는 술도 못 마신다고 생각했나요?"

잭의 초대로 3등 칸으로 내려온 로즈는 이질적인 존재였다. 간극은 그녀의 버건디색 드레스와 3등 칸 사람들의 무채색 옷만큼 컸다. 넘을 수 없을 것만 같던 벽을 무너뜨린 건 다름 아닌 맥주였다.

당찬 로즈에게 미소로 화답하는 잭. 하지만 이내 누군가와 부딪히며 들고 있던 맥주를 그녀의 드레스에 쏟고 만다. 안절부절못하는 잭을 보며 로즈는 그제야 호탕하게 웃는다. 와인색 드레스를 적갈색으로 바꾼 맥주 세례가 그녀를 계급이란 굴레에서 해방한 것이다. 맥주는 정화수였다. 맥주가 건넨 새로운 자아는 타이타닉 사고 이후 그녀의 삶을 이끈다.

빨간색 삼각형. 잠시 스치지만 3등 칸 사람들이 들고 있는 맥주병에서 빨간색 삼각형이 보인다. 이 삼각형은 바스의 로고다. 영국 '버튼 온 트렌트'에 있는 이 양조장은 섬세한 과일 향과 쓴맛이 나는 바스 페일 에일로 세계를 점령했다.

페일 에일은 17세기 영국 런던에서 탄생한 적갈색 에일이다. 적갈색이지만 대부분 어두웠던 당시 맥주에 비해 색이 밝았기 때문에 페일 에일^{Pale ale}이라고 불렸다. 사람들은 페일 에일의 미묘한 건자두 향과 허브 향에 푹 빠졌다. 4.5% 남짓한 알코올, 낮은 쓴맛, 약한 거품 덕에 여러 잔 마시기도 좋았다.

1912년 영국 사우샘프턴에서 출항해 뉴욕으로 향하던 초호화 여객선 타이타닉에는 명성에 걸맞은 맥주가 필요했다. 유럽에서 이름을 떨치던 바스가 선택된 건 우연이 아니었다. 약 만 이천 병 바스 페일 에일이 타이타닉에 실렸다. 제임스 카메론 감독은 이런 작은 디테일도 놓치지 않았다. 로즈의 해방을 그린 3등 칸 장면에서 주술적 의미로 빨간색 삼각형 맥주를 사용했다.

영화와 맥주가 만나는 접점은 언제나 흥미롭다. 의미를 읽든 아니면 의미를 붙이든 맥주의 시선으로 영화를 보면 숨은그림찾기를 하는 기분이다. 이 장면에 등장하는 맥주는 무엇일까, 어떤 의미를 가질까, 감독은 왜 저 맥주를 선택했을까? 지금도 마실 수 있는 맥주일까?

일상과 자유라는 선물

미국 메인주 쇼생크 감옥, 이른 아침 옥상에서 동료들과 작업 중인 앤디는 간수 해들리의 세금 문제를 우연히 엿듣는다. 전직 회계사였던 그는 자신이 세금 문제를 처리해 줄 수 있다고 제안한다. 수천 달러를 절세한 대가로 요구한 것은 인당 3병의 차가운 맥주. 앤디는 맥주가 야외 노동을 하는 남자들의 사기를 올려준다고 둘러대지만 진짜 이유는 모건 프리먼이 연기한 레드의 독백에서 읽을 수 있다.

"1949년 오전 10시 공장 옥상에서 얼음과 같이 차가운 보헤미안 스타일 맥주를 마셨다. 어깨 위로 쏟아지는 햇빛과 함께 맥주를 마시니 마치 자유인이 된 것 같았다. 꼭 우리 집 옥상을 고치고 있는 것 같았다…. 하지만 앤디는 그늘에 앉아 알 수 없는 미소를 지으며 맥주를 마시는 우리를 지켜볼 뿐이었다… 아마 그는 잠시나마 평범했던 날들을 다시 느끼고 싶었던 것 같다."

그날 옥상에 있던 모든 죄수는 잠깐이지만 평범했던 일상을 누렸다. 동네 펍에서 친구들과 맥주를 마시던 순간, 좋아하는 스포츠 팀을 응원하던 순간 그리고 소파에 앉아 TV를 보며 멍때리던 순간까지, 죄수들은 일상을 떠올리는 것만으로 새로운 희망을 품었으리라. 일상은 마치 공기와 같다. 너무 익숙해서 그 소중함을 모르고 있을 뿐. 영화 쇼생크 탈출에서 맥주는 사라진 희망을 되살리는 멋진 존재였다.

쇼생크 감옥에서 마신 맥주는 무엇일까? 레드는 이 맥주를 '얼음과 같이 차가운 보헤미안 스타일 맥주'라고 회상한다. 맥주 라벨에 있는 '스트로스 보헤미안 비어'Stroh's Bohemian Beer를 기억해낸 것이다. '차가운 보헤미안 스타일', 이 키워드는 쇼생크 탈출 속 맥주에 대한 힌트를 건네준다.

얼음같이 차갑게 마시는 맥주, 이 맥주는 라거다. '보헤미안 스타일'의 보헤미안은 체코를 의미한다. 체코는 황금색 라거의 고향이다. 1842년 체코의 작은 도시 필젠에서 최초의 황금색 라거가 탄생했다. '필스너 우르켈'이라고 불리는 이 맥주는 이후 '보헤미안 필스너'라는 스타일의 원조가 된다.

19세기 말 독일 이민자는 미국에 라거를 전파했다. 하지만 유럽과 달리 맥주에 옥수수를 넣었다. 옥수수는 미국에서 가장 흔하고 싼 곡물이었다. 미국 라거는 100% 보리 맥아를 넣은 필스너에 비해 가볍고 청량했다.

향이 좋고 진한 필스너는 가격이 비싼 프리미엄 맥주였다. 악마 같던 해들리가 저렴한 미국 라거 대신 보헤미안 필스너를 준 걸 보면 앤디가 정말 고마웠던 것 같다. 그러고 보니 레드는 맥주 덕후일지도 모르겠다. 그렇지 않다면 굳이 보헤미안 스타일이라고 언급하지 않았겠지.

쇼생크를 잠시나마 천국으로 만들어준 스트로스 비어는 실제했던 맥주일까? 그렇다. 디트로이트 맥주로 지금까지 명맥을 유지하고 있다. 1850년 시작된 스트로[Stroch]는 2000년 문을 닫았지만, 팹스트 브루어리와 브루 디트로이트의 협업으로 2016년 부활했다. 여전히 오리지널 레시피로 양조되어 '스트로 보헤미안 스타일 필스너'라는 이름을 잇고 있다. 아직 못 마셔봐서 안타까울 뿐. 만약 디트로이트에 간다면 분명 이 맥주를 마시기 위해서일 것이다.

민중 해방의 음료

중세 영화에서도 맥주를 찾을 수 있을까? 직업병 아니냐고 비난해도 어쩔 수 없다. 재밌으니까. '바바리안'이나 '더 라스트 킹덤'처럼 역사적 사실을 다룬 드라마 속 맥주는 언제나 상상력을 자극한다. 두 드라마는 시대적 배경도 다르고 900년 정도의 시차도 있다. 하지만 조국을 두고 서로 다른 정체성 앞에서 갈등하는 영웅이 등장한다는 공통점을 갖고 있다.

바바리안은 서기 9년 게르만족이 로마를 상대로 최초로 승리한 토이토부르크 숲 전투를 다룬 넷플릭스 드라마다. 로마 황제 아우구스투스는 야만족이 살고 있는 북쪽 땅, 게르마니아 정복을 계획한다.

직접 전투에 참여한 아우구스투스 황제 밑에는 충직하고 냉철한 장군, 바루스가 있었다. 총독 바루스는 전투의 선봉에 아르미니우스라는 양아들을 내세웠다. 아르미니우스는 로마에서 자라 기사 작위까지 받았지만 사실, 어릴 적 인질로 데려온 게르만 족 출신이었다. 그는 로만과 게르만 사이에서 정체성의 갈등을 겪지만 결국 자신의 피와 운명을 받아들이고 토이토부르크 숲에서 로마군을 괴멸시켰다. 실제 로마는 이 전투 이후 북쪽으로 영토를 확장하는 것을 포기했다.

아르미니우스의 게르만 이름은 헤르만. 로마를 이기고 게르만족의 독립과 자존을 지킨 헤르만은 독일의 영웅으로 19세기 민족의식 형성에 근간이 됐다. 헤르만의 흔적은 독일 역사를 상징하는 모든 곳에서 볼 수 있다. 독일 제국을 이룩한 빌헬름 1세는 토이토부르크 숲에 거대한 헤르만의 동상을 건립했다. 뮌헨 레지던츠 앞 광장에도 게르마니아 여신을 옆에 두고 승리의 깃발을 들고 있는 헤르만의 동상을 볼 수 있다.

전설과 사실 경계에 있는 이 드라마에서 게르만족들은 맥주를 마신다. 무슨 맥주인지는 알 길이 없다. 다만 나무 그릇에 담긴 액체를 마시는 장면이 동맹을 맺거나 전투에서 승리했을 때 그리고 축배를 들 때 수시로 등장한다.

영화 속 게르만족들이 출정 전날 밤 투박한 나무 그릇으로 마시던 액체가 물은 아니었을 것이다. 투쟁을 다짐하는데 물로 건배할 리 없다. 맥주는 용기를 북돋우고 동맹의 의지를 확인하는 서약이었다. 헤르만이 독립의 상징이었다면, 맥주는 민중의 숨결이었다.

900여 년이 흐른 잉글랜드. 색슨족과 데인족의 처절한 전투가 벌어지고 있다. 바이킹의 후예 데인족은 793년 린디스판 수도원을 약탈한 후 지속적으로 잉글랜드를 침략했다. 870년 웨식스왕국의 알프레드 왕은 이들의 침입에 맞서 또 다른 색슨족왕국, 머시아와 노섬브리아와 함께 대항하지만 끊임없는 위기를 맞이한다. 넷플릭스 드라마 '더 라스트 킹덤'은 잉글랜드를 통일한 알프레드 대왕과 데인족 우트레드를 중심으로 영국 초기 역사를 다룬 드라마다.

우트레드는 노섬브리아 왕국의 귀족 출신이지만 어릴 적 바이킹에게 납치되어 데인족 문화에 동화된 인물이다. 자신의 영토를 되찾기 위해서는 색슨족 편에 서야 하지만 자신을 키워준 데인족을 배반하지 못한다. 알프레드 왕은 이런 우트레드를 잉글랜드 통일에 이용하려 하고 우트레드는 그 사이에서 인간적 고뇌를 거듭한다.

"내일부터 더 이상의 에일은 없다" No more ale tomorrow

우트레드는 전투에 나서기 전, 동료들과 에일을 마시며 승전을 다짐한다. 이 장면을 보며 무릎을 쳤다. 그렇지, 영국 드라마였지. 그러면 맥주가 아니고 에일이라고 말하는 게 맞지. 맥주 역사를 모르는 사람은 그냥 지나치겠지만 나 같은 맥주 환자는 이 대사를 그냥 넘기지 못한다.

현재 에일은 상온 발효를 거쳐 양조되는 맥주를 통칭하지만 백 년 전까지만 해도 홉이 들어가지 않은 맥아 발효주를 의미했다. 18세기까지 영국에서는 홉이 들어가지 않으면 에일[Ale], 홉이 들어가면 비어[Beer]로 구분했다.

'더 라스트 킹덤'은 이런 영국 맥주 역사를 고스란히 보여준다. 우트레드는 맥주를 비어라고 하지 않고 에일이라고 부른다. 적확한 고증이자 묘사다. 만약 우트레드가 맥주를 비어라고 불렀다면 영국인들에게 한 소리 들었을 것이다.

당시 에일은 어떤 모습이었을까? 어두운 갈색에 탄산은 없었을 것이다. 거품은 없고 효모 찌꺼기도 보였겠지. 쓴맛을 내는 홉이 없었기 때문에 단맛이 도드라졌을지도 모른다. 발효 기술도 발달하지 않았기에 신맛과 쿰쿰한 향도 가지고 있었으리라. 하지만 물보다 안전했고 향기로웠을 것이다. 무엇보다 전투를 나가는 남자들의 기운을 북돋기에는 전혀 문제없었을 테다.

드라마 속 인물들은 장소와 시간에 상관없이 에일을 마신다. 저잣거리, 왕궁, 야전에서 아침부터 저녁까지, 드라마는 에일이 영국 문화의 중요한 부분이라는 것을 보여준다.

독립을 향한 타는 목마름

맥주가 울림으로 다가온 한국 드라마는 없을까? 있다. **미스터 션샤인**. 대한제국 말기, 조선인이지만 미국 국적을 가진 해병대 장교 유진 초이와 무장 독립운동을 하는 양반집 규수 고애신의 사랑을 다룬 이 드라마는 일제강점기를 앞둔 우리 민족의 아픔과 희망을 그려내고 있다.

미스터 션샤인에 관심을 가진 첫 번째 이유는 배경이 정동이었기 때문이다. 정동에서 맥주를 만들고 있는 나에게 개화기 시대 조선인들의 모습과 옛 한성의 풍경은 흥밋거리 이상이었다. 유진 초이가 머물던 글로리 호텔은 양조장 앞 이화여자고등학교에 있었던 손탁호텔이다. 드라마에서 여성들이 다녔던 학교는 아마 이화학당일 것이고 대관들이 출퇴근하는 궁궐은 덕수궁이겠지. 나는 1896년 고종이 러시아공사관으로 피신한 아관파천의 흔적을 매일 보며 출근한다.

미스터 션샤인의 인물들과 배경은 정동 맥주를 만들고 있는 나에게 많은 영감을 주었다. 전신주의 가로등과 전차를 보고 놀라는 사람들, 이화학당에서 공부하며 설레는 여성들, 을사늑약을 앞두고 절망하는 백성들과 나는 함께 웃고 울었다. 그러니 미스터 션샤인에 맥주가 나왔을 때 내 감정이 어떠했겠는가.

미스터 션샤인 속 맥주는 애틋함이다. 유진 초이는 어린 시절 추노에 쫓기던 자신을 숨겨준 황은산을 30년 만에 찾아간다. 그의 손에 들린 건 맥주. 황은산은 맥주가 맛이 없다며 불평하지만 이미 옆에는 빈 병들이 수두룩 놓여있었다.

맥주는 묵은 소회를 이어주는 말 없는 편지였다.

황은산의 맥주에 대한 품평은 고애신과 투덕투덕하는 장면에서 무르익는다. 맥주를 달라고 하는 고애신에게 황은산은 밍밍하고 배만 부르다며 탁주가 더 낫다고 거절한다. 백미는 다음 장면. 맛이 없는데 왜 안 주냐고 타박하는 고애신에게 황은산은 그 맛에 맥주를 먹는다며 결국 한 병도 주지 않는다.

황은산을 보면서 맥주를 처음 맛본 조선인을 상상했다. 탁주보다 맛은 없지만 갈증이 풀리는 톡 쏘는 느낌이 신기하지 않았을까. 별맛 없지만 이상하게 끌리는 물 같은 술. 아마 한 번 맛본 사람은 잊지 못했으리라. 물론 그 당시 맥주는 누구나 마실 수 있는 술이 아니었다. 황은산도 고애신에게 그랬다. 돈 많으시니 사다 드시라고.

독립운동을 지원하며 모든 것을 버린 그가 유독 맥주에 욕심을 부리는 모습이 애잔하고 애틋했다. 무슨 맥주였을까? 유진 초이가 가져왔으니 미국 맥주인 것만은 분명하다.

상상의 영역에서 미스터 션샤인 속 맥주는 꼭 미국 맥주가 아니어도 된다. 드라마도, 맥주도 해석은 자유다. 독립맥주공장 영길리 에일이 미스터 션샤인에서 영감을 받은 맥주다. 드라마 속 조선인들은 영국을 영길리라고 부른다. 영길리가 조선 땅에 들어왔다며 수군수군 댄다.

실제로 1883년 영국은 정동에 대사관 터를 잡았다. 그리고 지금까지 그 자리에 남아있다. 아마 최초의 정동 맥주는 영국 페일 에일이 아니었을까? 영길리 에일은 정동에 처음 발을 딛은 영국인들이 마셨던 맥주를 상상하며 탄생했다.

영화는 개인과 사회의 경험에 따라 개별적으로 해석된다. '가장 개인적인 것이 가장 창의적인 것이다.'라고 말한 봉준호 감독처럼 타자에 의해 강요되지 않는 이런 개별성이 영화를 문화로 만든다. 그 속에는 자유와 다양성이 있다. 영화처럼 맥주 또한 자신만의 스토리로 간직된다. 맥주와 영화가 문화로 만나는 흥미로운 지점이다.

맥주는 인류가 멸망하지 않는 한 우리 곁에 남아있을 절대 반지다. 삶을 풍부하게 만드는 문화로 만들어야 우리를 파멸시키지 않는다. 영화가 우리 삶을 더 행복하게 만들 듯이, 맥주도 그래야 한다. 맥주가 문화가 된다면, 우리에게 맥주를 파괴하기 위한 반지 원정대는 필요치 않다.

맥주잔을 보여주세요.
당신이 누구인지 맞춰볼게요

장면 하나가 맥주사를 말해줍니다.
아래 QR 코드로 그 장면을 직접 확인해보세요.

세 명의 농부가 있다. 오른쪽 남자 품에 있는 악기는 바이올린이다. 담배 파이프를 쥔 남성과 술잔을 든 젊은 남성은 바이올린 연주에 잔뜩 흥이 돋은 모습이다. 허름한 술집, 작은 테이블, 남루한 행색이지만 누구보다 행복해 보인다.

아드리안 반 오스테드의 1647년 작 「여관에 있는 세 명의 농부들」 Three peasant at an inn 은 바로크풍의 풍속화다. 오스테드는 평민들의 일상을 현실적이고 익살스럽게 표현하는 데 평생을 바쳤다.

젊은 남자가 마시고 있는 술은 무엇일까? 맥주다. 와인이나 진이 아니라는 것은 손에 들린 잔에서 유추할 수 있다. 여기서 포인트는 술이 아니라 잔이다. 만약 유리잔이 아니라 도자기나 주석 잔이었더라도 술의 정체를 알 수 있었을까?

아드리안 반 오스테드의 1653년 작 「나이 든 여인을 꼬시고 있는 농부」A peasant courting an elderly woman도 흥미롭다. 저 여인은 술집 주인이 분명하다. 자기 손을 지그시 잡고 은밀한 눈빛으로 바라보는 남자가 싫지 않은 모양이다.

사랑에 나이가 무슨 상관이랴. 하지만 남자 손에 들린 잔은 상관있다. 기다란 실린더 모양과 넘어짐을 방지하기 위한 넓은 바닥을 가진 이 잔은 영락없는 필스너 글라스다. 잔만 봐도 그가 마시는 술이 맥주라는 걸 쉽게 알 수 있다.

두 그림 모두 17세기 네덜란드 평범한 농부들이 유리잔에 맥주를 마셨다는 사실을 알려준다. 그러나 유리 제품은 당시 유럽 귀족이나 부유한 상인들이 사용하던 사치품이었다. 유리 맥주잔이 보편화된 시기는 1차 산업혁명이 지난 19세기다. 도대체 네덜란드에서 무슨 일이 일어난 것일까? 이 답은 고대 메소포타미아로 돌아가야 찾을 수 있다.

최초의 맥주잔

고대 메소포타미아 맥주는 지금과 달랐다. 빵을 발효시켜 만든 맥주는 곡물 껍질이나 걸쭉한 찌꺼기를 가지고 있었다. 사람들은 거대한 항아리에서 담긴 맥주를 갈대 빨대로 함께 마셨다. 지금과 비슷한 형태를 가진 가장 오래된 잔은 이라크 테페 가우라[Tepe Gawra]에서 발견됐다.

기원전 6500년부터 1500년까지 정착했던 곳으로 보이는 테페 가우라는 티그리스강 우측에 존재했다. 20세기 초 이곳에서 흑요석으로 만든 잔이 출토되었다. 작은 손잡이가 달린 이 잔은 맥주뿐만 아니라 와인까지 담았던 것으로 추정된다. 왕족들의 제사에 사용했을 가능성이 높다.

유리는 고대 메소포타미아에서 기원전 3500년에 발명되었다. 규사, 소다회, 석회석을 녹여 만든 유리는 고온의 불을 다루는 기술이 필요했다. 메소포타미아 사람들은 이미 벽돌을 구워 거대한 건축물을 세울 수 있을 만큼 불 기술이 뛰어났다. 어쩌면 유리는 우연히 얻어걸린 발명품일 수도 있다.

초기 유리는 장식품이나 장신구로 사용됐다. 유리를 용기로 발전시킨 곳은 기원전 1500여 년 고대 이집트였다. 이들은 고온에

녹인 유리를 점토나 모래 틀에 넣어 아름다운 잔과 그릇으로 탄생시켰다. 물론 유리 용기는 누구나 사용할 수 있는 물건이 아니었다. 왕족에게나 허용된 최고급 사치품이었다.

술잔을 예술로 승화시킨 로마

잔은 술의 행보를 따라 전파됐다. 메소포타미아와 이집트의 맥주와 와인은 페니키아인들에 의해 미케네로, 그리고 그리스와 유럽 대륙으로 흘러 들어갔다. 고대 그리스 문명의 뿌리, 미케네를 보면 술잔의 진화가 보인다.

기원전 1300년경 미케네인들이 고안한 킬릭스Kylix는 몸통 양쪽에 손잡이와 다리와 받침이 있는 형태의 잔이다. 주로 와인을 마시거나 제사에 이용했다. 미케네에는 킬릭스 외에 다양한 형태의 술잔이 존재했다. 단순한 원통 형태부터 서로 연결된 형태까지 와인과 맥주에 두루두루 사용되었다.

문명의 힘이 이집트에서 지중해로 넘어가면서 맥주는 와인에게 자리를 내어주었다. 언덕이 많고 토지가 척박했던 그리스는 곡물 대신 포도와 올리브를 재배했다. 그리스가 번성할수록 머리에 포도를 주렁주렁 단 디오니시스는 와인이 문명의 술임을 천명했다.

로마시대로 들어서며 잔은 새로운 단계로 진화했다. 로마는 이집트에 물려받은 유리를 예술로 승화시켰다. 녹은 유리를 입으로 불어 모양을 만드는 '유리 불기' 기술이 이때 완성됐다. 제국이 커질수록 와인잔은 다채로운 자태를 뽐내며 예술이 되어갔다.

그리스·로마 시대 맥주잔은 힘을 잃었다. 맥주는 북쪽 야만족들의 술이었다. 문명을 경험하지 못한 이들은 여전히 단순한 토기에 맥주를 마셨다. 시간이 흐르며 토기를 대체한 것은 나무였다. 안쪽을 밀랍으로 채운 나무잔은 가볍고 다루기 수월했다. 손잡이도 달렸다. 탱커드Tankard 또는 비어머그Beer mug라는 장르가 여기서 출발한다.

서로마가 멸망한 이후 유럽은 혼돈의 시대였다. 게르만족들이 기독교 중심으로 유럽을 재편하면서 맥주는 민중들의 일상을 책임지는 술이 된다. 맥주잔도 다양한 재질을 품기 시작했다. 특히 12세기 연금술의 발전은 금속 맥주잔을 전면에 등장시켰다.

여기에는 이슬람제국의 영향이 컸다. 이슬람제국은 동로마와 교류를 바탕으로 수학과 화학에서 큰 성장을 이루고 있었다. 동로마 유리 기술은 이슬람제국으로 넘어와 8세기부터 고도로 발전했다. 실크로드와 한자동맹은 이슬람 유리를 중국과 인도 그리고 유럽 곳곳으로 퍼트렸다.

십자군 전쟁 이후 이슬람 문명은 중세 유럽 장인들을 자극했다. 이슬람의 연금술과 유리 기술을 적극적으로 받아들인 곳은 이태리 베네치아였다. 베네치아 장인들은 12세기부터 독특하고 정교한 유리 제품을 생산했다. 그러나 유리가 맥주잔의 주인공이 되기까지는 시간이 필요했다. 유리잔은 한참 동안 상류층들의 전유물이었다.

잔 위의 문장(紋章), 맥주의 문장(文章)

르네상스 이후 맥주잔에도 와인잔 못지않은 정교한 문양이 깃들었다. 세라믹 재질 맥주잔은 다루기 쉬웠으나 단순하고 투박했다. 맥주잔에 화려함을 제공한 재료는 금, 은, 주석 같은 금속이었다. 금속을 정교하게 다루는 기술은 길드에 들어가기 위한 척도가 되기도 했다. 그중, 가격이 저렴하고 가공이 쉬운 주석이 중요한 재료로 떠올랐다.

16세기 들어서야 유리 맥주잔이 상류층을 중심으로 주목을 받았다. 한 세기 전 이태리 장인들이 개발한 크리스털 유리가 큰 역할을 했다. 맥주를 좋아했던 독일 귀족들은 투명한 잔 표면에 가문의 문양이나 상징을 그려넣었다.

유리 불기와 접합 기술의 발달은 단순했던 맥주잔을 비커, 플루트, 고블릿, 성배 모양으로 탈바꿈시켰다. 다소 완성도는 떨어졌지만, 맥주잔도 조금씩 예술품에 가까워지고 있었다. 1662년 아우구스부르크에서 제작된 패스 글라스가 좋은 예다.

기다란 비커 형태의 잔 표면에는 막시밀리안 에마누엘이라는 귀족의 세례 장면이 다섯 개의 선을 따라 묘사되어 있다. 맥주를 마실 때마다 드러나는 가문의 모습이 얼마나 자랑스러웠을까? 핸드폰이 없던 시절, 눈앞에 떠오르는 자부심의 유산이었을 것이다.

맥주잔, 문화와 정체성을 품은 손 위의 세계관

17세기 중반, 유리 맥주잔은 조금씩 대중화되었다. 영국과 네덜란드가 트렌드를 이끌었다. 배경에는 맥주 색의 변화가 있었다. 산업혁명 시대, 맥주는 밝은색을 입었다. 할스가 발명한 석탄 가마는 몰트를 이전보다 옅게 만들었다. 까만색이었던 맥주가 페일 에일이라는 이름을 얻는 순간이었다.

색은 자연스레 맥주의 또 다른 즐길 거리가 됐다. 자본은 취향을 따라갔다. 사람들이 밝은색 맥주를 원할수록 유리잔에 돈이 몰렸다. 해상무역으로 부를 축적한 네덜란드와 영국이 선구자였다.

아드리안 반 오스테드 그림 속 농부들이 상류층들의 소유물이었던 유리잔에 맥주를 마셨던 이유가 바로 여기 있다.

맥주잔의 대중화에 결정적인 역할을 한 주인공은 라거였다. 19세기 황금색 라거의 등장은 유리잔을 맥주의 영원한 동반자로 묶어버렸다. 사람들은 투명한 유리에 황금색 라거를 마시는 것을 사랑했다. 유리잔 없는 맥주는 더 이상 상상하기 힘든 존재였다.

나를 사랑에 빠트린 맥주잔들

나를 처음 잔의 세계에 빠트린 맥주는 독일 밀 맥주, 바이스비어다. 바이스비어 잔은 잘록한 허리 위로 볼록하고 넓은 입구를 갖고 있어 꽃병 잔이라고도 부른다. 두툼하고 조밀한 거품을 받치고 있는 불투명한 황금색 바이스비어를 보고 있으면 '예쁘다'라는 말이 절로 나온다. 넓은 입구는 향을 모았다 흩뿌려주는 역할을 한다. 신선한 바나나와 향긋한 정향이 마시기 전부터 코를 뚫고 들어온다.

길게 쭉 뻗은 모양 덕분에 맥주는 목으로 단번에 들어간다. 자잘하고 풍성한 탄산과 낮은 쓴맛은 갈증을 금방 날려버린다. 이 잔은 바이스비어가 품고 있는 매력을 온전히 전달해 주는 유일한 수단이다. 바이스비어 잔 없는 바이스비어는, 모독이다.

바이스비어 잔이 독일이라면 노닉No-nick 잔은 영국이다. 이 잔을 들고 있으면 런던 블랙프라이어 펍이 떠오른다. 오후 5시였나, 조용하던 펍이 갑자기 사람으로 꽉 차면서 시끌벅적해졌다. 퇴근하다 들른 직장인들이었다. 테이블 수가 적다고 걱정하는 나를 비웃듯 모두 서서 맥주를 마시고 있었다. 그리고 거짓말처럼 한 시간 뒤 모두 사라졌다. 그때 영국 펍 문화를 이해할 수 있었다. 펍은 맥주로 하루의 스트레스를 푸는 소통의 공간이었다.

노닉 잔은 맥주를 서서 마시는 영국 문화를 반영한다. 잔 중간에 있는 벌지Bulge라는 볼록한 부분이 손잡이 역할을 한다. 자연스레 잔을 떨어뜨릴 위험이 줄어든다. 벌지는 잔의 이가 나가지 않도록 도와주기도 한다. 노닉의 '닉'이 우리가 '그릇의 이가 나갔다'고 할 때 '이'다. 펍에서는 잔을 겹쳐서 보관하는 경우가 많은데 노닉 잔은 벌지 덕분에 입구가 서로 닿지 않아 오래 쓸 수 있다. 그래서 노닉No-nick이라는 이름이 붙었다. 노닉 잔에 담겨있는 맥주는 영국 에일이다. 말하지 않아도 알 수 있다. 노닉 잔 없는 영국 에일도, 역시 모독이다.

맥주와 잊을 수 없는 순간들이 많지만, 벨기에 트라피스트 오르발 수도원을 바라보며 마신 에일은 특별했다. 오르발에서는 숙성의 정도에 따라 세 잔의 맥주를 즐길 수 있었다. 숙성되지 않은 오르발은 청년 그 자체였다. 향이 다소 거칠고 색은 불투명했지만 신선하고 발랄했다. 6개월 정도 숙성된 오르발은 더 밝고 부드러웠다. 세상의 때가 탔지만 약간은 지혜로워진 중년의 나를 보는 듯했다. 1년 동안 숙성된 마지막 맥주는 노년의 지긋함과 여유를 품고 있었다. 세상을 깨우친 듯 모든 향이 정리되어 있었다. 색도 밝았다.

얇은 다리가 넓은 몸체를 받치고 있는 트라피스트 에일 잔은 성배 같다. 정식 이름은 애비 고블릿. 넓은 입구는 트라피스트 에일의 풍부한 향과 알코올을 즐기는 데 적합하다. 잔을 들고 있으면 손의 온기가 맥주로 전달되어 향은 더 도드라진다. 그래서 수도원 에일은 시간을 두고 천천히 즐겨야 한다. 마치 우리 인생이 그러하듯.

수많은 맥주가 자신만의 잔을 통해 정체성을 보여주려 애쓰고 있다. 맥주잔만 봐도 어떤 맥주를 마시는지 알 수 있다. 사람들은 이제 아무 잔에나 맥주를 마시지 않는다. 맥주 스타일과 향미를 고려해 세심하게 선택한다. 전용 잔을 모으는 취미도 더 이상 생경하지 않다. 시나브로 맥주잔은 개인의 취향을 드러내는 문화로 진화했다. 손 위에 어떤 맥주잔이 들려있는가. 어쩌면 그 맥주잔이 당신이 누구인지를 말해주고 있을지도 모른다.

맥주 팝 판타지아

　신기하다. 어떤 음악을 들으면 맥주 생각이 난다. 술이 몸에 들어오면 음주가무 모드로 바뀌는 자연의 섭리와는 다르다. 분명히 말하지만 흔한 일은 아니다. 거실 소파에서 앉아 음악을 듣는다고 갑자기 생기는 일은 아니라는 뜻이다. 특정한 시간과 장소에서 시나브로 일어나는 일이다. 주위를 떠도는 맥주의 신이 점지해주는 것일까? 가끔 홀로 음악을 듣다 보면 그분이 찾아오신다.

　맥주와 음식을 매칭시키는 것을 푸드 페어링Food pairing이라고 한다. 맥주와 음식이 어울리면서 일어나는 마법이다. 이 마법이 맥주와 음악에도 일어날 수 있을까? 흔치 않지만, 특별한 공감각을 느끼는 사람들이 있다. 보통 사람이라면 각각 따로 느끼는 오감을 교차해서 경험한다고 한다. 예를 들어 '도'라는 음을 들으면 '노란색'이 보이고, '단맛'을 느끼면 '미'라는 음이 들리는 식이다. 공감각은 주관의 영역이라 예술에서 더 빛을 발할 수 있다.

물론 나와는 먼 세계다. 나는 이런 공감각을 갖고 있지 않다. 불행인지 다행인지 모르지만 이런 평범함이 오롯이 맥주를 즐기고 평가할 수 있게 한다. 그럼에도 특정 음악을 들을 때, 맥주가 떠오르는 이유가 무엇일까? 정말 맥주의 신이 내려오신 걸까?

런던 프라이드와 언더 프레셔

런던 프라이드, 이 맥주를 처음 접한 사람들은 흔히 '속았다'라고 생각한다. 아름답고 투명한 밝은 루비색이 독특한 향을 줄 것이라고 기대하지만 밍밍함이 가득하다. 열대 과일과 감귤 향이 폭발하는 크래프트 맥주에 비하면 런던 프라이드의 향은 초라하다. 황금색 라거에 밀려 역사의 뒤안길로 물러났다는 사정을 안다면 루비색이 오히려 측은하게 느껴질 정도다.

그렇지만 나는 런던 프라이드를 애정한다. 뭉근한 건자두 에스테르, 섬세한 견과류, 뒤를 받치는 옅은 풀 향은 해 질 무렵, 그림자를 길게 드리우는 '개와 늑대의 시간'을 떠올리게 한다. 4.2% 알코올과 목 끝을 툭 치고 가는 쓴맛은 나른한 오후의 긴장감을 풀어준다.

퀸의 '언더 프레셔'Under pressure를 들을 때마다 나는 런던 프라이드를 소환한다. 퀸과 데이비드 보위가 만나 순식간에 완성된 이 명곡은 힐링 그 자체다. 밝고 흥겨운 멜로디 위에 쓰인 가사는 아이러니하게도 억압과 공포를 이야기하고 있다.

사회적으로 성공해야 한다는 압박, 지금까지 이뤄온 것들이 갑자기 무너질 수 있다는 불안감, 기득권 자본주의가 만든 불합리한 구조, 원치 않게 얽혀있는 인간관계들, 프레디 머큐리와 데이비드 보위는 이런 공포와 불안을 사랑과 연대로 극복하자고 노래한다. 그런데 나는 이 노래를 들으며 왜 런던 프라이드가 떠오른 걸까?

런던 프라이드와 '언더 프레셔'가 만나는 지점은 뮤직비디오다. 뮤비는 폭발하는 우주선, 대공황 시기 고통 받는 사람들, 자유를 억압하는 기득권의 폭력을 보여준다. 이런 공포로부터 도망가고 싶지만 숨는다고 해결되는 건 없다. 뮤비는 억압에 맞서 하루하루 열심히 살아내는 우리를 보여준다. 동시에 사랑과 연대로 고통을 이겨내자는 메시지를 던지고 있다.

런던 프라이드는 프레디 머큐리의 노래처럼, 들뜸 없이 묵직하게 위로를 건넨다. 화려한 향도, 강한 탄산도 없지만, 루비빛의 담

프레디 머큐리와 데이비드 보위가 건네는 위로의 목소리.
아래 QR코드를 스캔해 직접 들어보세요.

담한 쓴맛이 "오늘도 수고했어"라는 말을 대신 전한다.

　영국 노닉 잔에 런던 프라이드를 입구까지 채우고 천천히 마시노라면 하루 동안 나를 억압했던 것들이 하나씩 머릿속에서 삭제된다. 가슴을 뻥 뚫리게 하는 탄산도 뒷머리를 때리는 향도 없지만 영국 페일 에일의 묵묵함은 우리를 기품 있는 존재로 만든다. 불안을 떨치고 이렇게 여유롭게 루비빛 맥주를 마실 수 있다니, 스스로가 대견하기 그지없다.

브루클린 IPA와 잉글리시 맨 인 뉴욕

　스팅은 음색만으로도 가슴을 설레게 한다. 수많은 명곡 중 '잉글리시 맨 인 뉴욕'Englishman in New York을 제일 좋아한다. 흥겨운 재즈 선율과 젊은 스팅의 음색을 듣다 보면 맥주가 아니라 고급 와인이나 위스키가 떠오를지도 모른다.

'잉글리시 맨 인 뉴욕'은 뉴욕에 살고 있는 영국인의 고고함을 노래한다. 예의와 전통을 중시하는 영국인이 근본 없고 키치Kitch한 미국 문화를 비꼬는 듯한 가사에서 멋이 폭발한다. 하지만 뮤직비디오를 보면 이 곡은 고고한 영국인이 아닌, 반대로 영국의 보수적 문화에 맞서 당당하게 자존감을 지킨 한 사람을 위한 이야기임을 알 수 있다.

70년대 영국 배우 쿠엔틴 크리스프는 성소수자로서의 정체성을 드러낸 뒤 차별과 편견에 맞섰다. 그러나 보수적인 사회는 그를 끝내 품지 못했고, 결국 자유를 찾아 뉴욕으로 떠났다.

스팅이 미국에서 쿠엔틴 크리스프를 만나 헌정한 곡이 '잉글리시 맨 인 뉴욕'이다. 사회의 무시와 조소에 맞서 자신의 정체성을 부끄러워하지 말 것을, 누가 뭐래도 자신을 잃지 말 것을 쿠엔틴 크리스프를 통해 전달하고 있다.

나에게 이 노래는 아메리칸 IPA와 페어링 된다. IPA는 인디아 페일 에일India Pale Ale의 약자로 19세기 영국 식민시대 인도를 배경으

스팅의 고고한 음색과 뉴욕의 자유,
그 순간의 향을 함께 느껴보세요.

PART 2. 전지적 맥주시점입니다만

로 탄생한 맥주다. 당시 인도에 있던 영국인들을 위해 런던에서 다양한 맥주가 배를 타고 건너갔다. 이 맥주들은 길고 혹독한 항해를 견뎌야 했다. 이를 위해 많은 양의 홉과 높은 알코올 도수가 필요했다. 홉의 항균 성분과 높은 알코올은 외부 세균을 막을 수 있었다. 다양한 맥주 중 옥토버비어라는 맥주가 인도에 도착했을 때 멋진 홉 향과 아름다운 밝은색을 띠었는데 이 맥주를 인디아 페일 에일 India Pale Ale로 불렀다.

19세기 중반까지 인기를 누렸던 IPA는 라거의 등장으로 역사에서 사라졌다. 하지만 1980년대 미국 크래프트 양조사들은 IPA를 발굴한 후, 재해석해 세상으로 끄집어냈다. 다량의 홉과 높은 알코올을 품었던 IPA의 본질은 유지하되, 자몽, 오렌지, 꽃 향이 풍부한 미국산 홉을 넣어 미국 IPA로 탄생시킨 것이다. 영국에서 태어났지만, 미국에서 부활한 IPA는 영락없는 이방인이다.

'잉글리시 맨 인 뉴욕'과 결을 같이 하는 IPA에는 무엇이 있을까? 나는 뉴욕 브루클린 양조장에서 만드는 이스트 IPA East IPA를 마실 때마다 스팅의 음색이 떠오른다. 이스트 IPA의 깔끔한 자몽과 절제된 솔향은 기품 있는 자유다. 자신감 속에 신사의 풍모가 엿보인다. 뚜렷한 쓴맛은 근본이다.

IPA는 써야한다. 뉴욕에 있어도, 신사다움과 품격은 지켜야 한다. '쓴맛'은 IPA의 정체성이자 자존심이다. 뭉근한 단맛과 이룬 균형감은 정중동을 의미한다. 풍파에 흔들리지 않고 나다움을 지키는 가치. 이 뉴욕 출신 IPA는 스카프를 두르고 뉴욕 카페에서 담배를 피우고 있는 쿠엔틴 크리스프, 그 자체다.

두체스 드 브루고뉴와 비바 라 비다

세상은 아는 만큼 보이는 게 아니라 발견하는 만큼 보인다. 호기심과 관심을 가져야 새로운 세상이 열린다. 콜드 플레이의 '비바 라 비다'Viva la vida는 배경을 알기 전까지 좋은 음악에 불과했다. 나중에 유럽 역사를 이해하고 나서야 가사의 의미가 날카롭게 다가왔다.

'비바 라 비다'는 1830년 프랑스 7월 혁명 후 쫓겨난 샤를 10세가 모티브다. 웅장한 첼로로 시작하는 도입부 그리고 이어지는 현악, 북, 종소리가 만들어내는 멋진 조화는 중세의 느낌을 고스란히 전달한다. 왕정복고를 꿈꿨지만 이제 초라한 늙은이가 된 샤를 10세. 골목을 청소하는 노인의 목소리에서 권력의 무상함이 묻어난다. 크리스 마틴의 중저음 음색은 몰락한 왕의 목소리다.

하지만 나는 이 노래를 들으면 브루고뉴공국의 샤를과 그의 딸인 마리가 떠오른다. 브루고뉴는 프랑스와 독일 사이에 있었던 공국이다. 15세기 후반 브루고뉴 샤를 공은 프랑스로부터 독립을 꿈

몰락한 왕의 노래, 혹은 살아 있는 모든 이들을 위한 찬가.
음악이 깃든 세계로 들어가보세요.

꿨다. 프랑스 왕 루이 11세가 이를 가만 놔둘 리 없었다. 1477년 샤를은 낭시에서 프랑스와 전투를 치르다 스위스 용병들에게 사망하고 만다.

샤를에게는 마리라는 딸이 있었다. 브루고뉴를 차지하려던 프랑스 왕 루이 11세는 마리를 붙잡아 자신의 일곱 살 아들과 결혼시키려 했다. 지혜로운 마리는 신성로마제국 후계자 막시밀리안에게 머리카락을 보내 도움을 요청하고 탈출에 성공한다. 그리고 백년가약을 맺으며 브루고뉴는 신성로마제국의 품에 안긴다.

몇 년 뒤 마리는 사지가 절단된 샤를의 시신을 발견하고 노트르담 성당에 안치했다. 결혼과 복수에 모두 성공한 한 편의 동화 같은 이야기의 끝은, 그러나 불운했다. 임신 중이던 마리는 불의의 낙마 사고로 생을 마감했다. 겨우 29살이었다. 그녀는 새로운 세상을 꿈꿨던 아버지 옆에 잠들었다.

마리를 모티프로 한 맥주도 있다. '브루고뉴의 공작 부인'이라는 뜻의 '두체스 드 브루고뉴'는 그녀의 젊은 시절 모습을 라벨에 담고 있다. 이 맥주의 라벨에는 젊고 아리따운 마리를 볼 수 있다. 막시밀리안이 슬픔을 잊기 위해 남긴 그녀의 초상화다.

두체스 드 브루고뉴는 플랜더스 레드 에일이다. 짙은 붉은색, 농밀한 체리와 자두 뉘앙스, 진득한 산미를 가지고 있는 이 벨기에 맥주는 신선한 체리 과즙을 마시는 것 같다. 기품 있는 바디와 향긋한 아로마 속 섬세한 밸런스는 파란만장한 인생을 살았지만 품격을 잃지 않은 마리의 모습과 콜드 플레이의 '비바 라 비다'의 선율을 오버랩시킨다.

'Viva la vida', 인생이여 만세라는 노래 제목은 평생 장애로 고통받았던 멕시코 작가 프리다 칼로의 작품에서 따온 것이다. 샤를 10세든, 대담 공 샤를이든, 더 리치 마리든, 프리다 칼로든 그리고 나의 인생이든 결국 허망하겠지만, 그래도 만세다. 두체스 드 브루고뉴 한 잔으로, 모두의 인생에 건배를.

맥주 팝 판타지아 속으로

맥주의 매력은 음악과 연결된다. 향과 맛일 수도 있고 라벨이 될 수도 있다. 혹은 색이 될 수도 스토리가 될 수도 있다. 주관적인 영역을 넘나드는 이런 초연결은 21세기적인 즐거움이다. 더구나 음악과 맥주에 답이 있을 리 없기에 페어링에 누가 이의를 제기하더라도 떳떳할 수 있다. 공감을 받는다면 더없는 기쁨일 테고.

음악과 맥주가 만나는 순간, 우리는 결국 자기 이야기로 돌아온다. 감정과 취향, 삶의 조각들이 소리와 향 속에 스며들어, 그 무엇보다도 나다운 시간으로 남는다. 불안한 삶을 버티게 하는 연대의 힘, 불합리한 타인의 시선에도 자존감을 느끼고 살아내는 힘, 허망할지라도 매 순간에 최선을 다하는 힘, 이런 긍정적인 에너지를 음악과 맥주의 공감각에서 얻을 수 있다면 그보다 나은 행운이 어디 있을까?

오늘도 귀에 이어폰을 끼고 음악을 들으며 맥주의 신이 오시길 기다린다. 길거리에서, 지하철에서 그리고 서재에서 내가 듣는 음악이 그분의 맘에 드신다면 어김없이 맥주 한 잔을 점지해 주실 것이다. 아직 맥주의 신께서는 그 정도의 아량은 있으신 거 같다. 다행히도.

일상의 휴식처가 된 노동자의 쉼터

　페르가몬 박물관에 들어서자 가슴이 뛰었다. 일행 중 나만큼 흥분하는 사람은 없는 것 같았다. 베를린 박물관 섬에는 페르가몬 박물관, 보데 박물관, 구 박물관, 구 국립 박물관 그리고 신 박물관이 있다. 프로이센왕국은 1800년대 세계 곳곳에서 약탈, 아니 수집한 고대 메소포타미아, 이집트, 그리스·로마, 이슬람 유물을 이곳에 전시했다.

　당연히 모든 곳을 돌아다니고 싶었지만 아쉽게도 일정상 한 군데만 볼 수 있었다. 난 고민 없이 페르가몬 박물관을 선택했다. 신비와 도전이 가득한 고대 메소포타미아 유적 속에 숨어있는 맥주의 흔적을 찾고 싶었기 때문이다.

페르가몬은 현재 튀르키에 베르가마 지역의 옛 이름이다. 독일은 1930년 베를린에 박물관을 세우고 페르가몬 유물을 통째로 옮겨왔다. 페르가몬 제단, 밀레투스의 시장 문, 므샤타 궁전 유적 등 어마어마한 건축물을 볼 수 있다. 압권은 신바빌로니아 네부카데네자르 2세가 건설한 이슈타르 문이었다.

기원전 6세기에 지어졌다고 들었을 때 거짓말인 줄 알았다. 25m 높이의 벽을 유약 처리한 코발트 빛 벽돌로 세웠다는 것도 놀라운데, 정교한 사자와 용, 황소 장식은 지금의 기술로도 쉽지 않아 보였다.

입을 벌린 채 도슨트 설명을 들으며 찬찬히 돌아보는데 사람 키 정도 되는 검은색 원형 돌기둥이 눈에 들어왔다. 몸통에는 화살촉처럼 생긴 문자가 새겨 있었고 위쪽에는 두 사람의 부조가 있었다.

그 둘이 누군지 대번 알 수 있었다. 서 있는 남자는 함무라비, 앉아서 무엇인가 주고 있는 사람은 태양신이자 정의의 신, 샤마쉬였다. 샤마쉬는 함무라비에게 왕관과 법을 건네고 있었다.

'아니, 이게 왜 여기 있지? 원래 루브르 박물관에 있어야 하는 게 아닌가?' 함무라비 법전이 페르가몬 박물관에 있는 게 믿어지지 않았다.

이슈타르의 문이나 페르가몬의 제단에 비하면 함무라비 법전은 초라하기 그지없지만 인류의 중요한 유산이다. 이 검은색 돌은 약 3800년 전 고대 메소포타미아 바빌로니아 왕 함무라비가 만든 가장 잘 알려진 성문법이다. 우리에게는 '눈에는 눈, 이에는 이'라는 문구로 유명하다.

법전이라고 종이책을 생각하면 안 된다. 종이는 한참 뒤에 중국에서 발명됐다. 이 시기 법전은 검정 디오라이트 돌에 설형 문자로 새겨졌다. 1901년 이란에서 프랑스 학자가 발견해 루브르 박물관에 있다고 알고 있었는데, 왜 눈앞에 있지? 빌려왔나?

자세히 다가가서 살펴보니 복제품이었다. 그러면 그렇지. 초록색 배경에 성의 없이 세워놓은 게 이유가 있었다. 복제품이었지만 상관없었다. 루브르 박물관에 가 본 적 없어 그런가 이렇게라도 보니 감회가 새로웠다.

내가 함무라비 법전에 반가워하는 이유는 하나다. 여기에 술집에 관한 최초의 법 조항이 있기 때문이다.

108조.	맥주를 파는 아낙네가 값을 곡물로 받지 않고 은을 달라고 요구한다거나, 좋지 않은 재료를 써서 맥주의 품질이 나빠진다면, 여인을 붙들어 처벌을 내린다. 물속에 빠뜨려 죽일 수도 있다.
109조.	만약 반역자들이 술집에 모였다면, 그 반역자들을 잡지 못했더라도 술집 주인은 사형에 처한다.
110조.	여사제가 술집을 열거나 술을 마시러 들어간다면, 화형에 처하노라.

함무라비 법전 총 282개 조항 중 108, 109, 110조에 술집이라는 단어가 들어있다. 108조는 맥주 품질에 관한 내용이다. 저질의 맥주를 팔면 사형시킬 수도 있다고 되어 있다. 그때나 지금이나 먹는 거 갖고 장난치는 인간들은 혼나야 한다.

109조는 수천 년 전에도 술집이 정보 교환의 장이면서 반역 모의를 하던 장소라는 것을 알려주고 마지막 110조는 술집에 여사제의 출입을 금지했다는 것을 보여준다. 당시 술집은 매춘의 소굴이었다.

로마 이전까지 술집은 흔한 곳이 아니었다. 사람들은 돈을 내고 술을 사 먹는 행위를 천박하게 생각했다. 상류층은 노예들이 재배한 포도로 와인을 만들거나 진상품을 마시곤 했다. 손님들에는 무상 접대가 예의였다.

평민들도 돈을 받고 음식을 제공하는 것을 이상하게 여겼다. 술은 음료에 가까웠다. 집에서 만든 과실주나 곡주에 물을 섞어 일상적으로 마셨다. 부족하면 이웃과 물물교환을 하거나 공짜로 얻곤 했다.

술집 문화를 만든 것은 화폐 경제였다. 로마가 도로망을 구축하자 장거리 무역이 활성화됐고, 도로와 항구마다 돈을 받고 술을 파는 공간이 등장했다. 술집은 대중 복합 공간으로 변해갔다. 도박, 공연, 매춘까지 성행했다. 당연히 귀족들은 술집을 경멸했다. 하층민과 상인들이 모이는 술집은 고매한 이들에게 불결하고 시끄러운 곳이었다.

술집이 된 수도원

로마가 멸망한 후 술집의 역할을 물려받은 곳이 수도원이었다. 로마 문명을 이어받지 못한 채 수백 개로 나뉜 중세 유럽은 고립되고 단절됐다. 전쟁과 질병으로 고통받던 초기 중세인들에게 수도원은 중요한 커뮤니티 공간이었다.

수도사는 글을 읽고 쓸 줄 아는 유일한 지식인이었다. 신의 말씀을 전달하고 실행하는 임무 외에도 법원, 병원, 교육 같은 일을 도맡았다. 양조도 중요한 일과였다. 수도원은 순례객에 음식과 음료를 무상으로 제공했다. 와인과 맥주도 그중 하나였다.

수도사들은 정해진 일과 속에서 맥주를 양조했고, 그 레시피는 문서로 기록됐다. 글을 읽지 못했던 평민들에게는 손에 닿지 않는 지식이었다. 수도원 맥주는 뛰어날 수밖에 없었다.

수도원은 자연스럽게 맥주 양조장을 하나씩 품고 있었다. 거대한 양조장을 계획했던 장크트갈렌 수도원과 자급자족을 위해 맥주를 만드는 트라피스트 수도원, 천년의 양조 역사를 품고 있는 벨텐부르크 수도원은 중세 수도원이 술집의 역할을 대신했다는 사실을 알려준다.

평민들의 열린 공간, 술집

16세기, 마르틴 루터의 종교 개혁이 일어나며 수도원과 술은 서서히 내외하는 관계로 바뀐다. 교회가 세속을 떠나 신의 말씀을 전하는 신성한 장소로 돌아가야 한다는 자성의 목소리가 커졌다. 수도원에서 음주와 관계된 모든 행위는 신성모독으로 여겨졌다. 수도원이 점차 금욕의 상징으로 자리 잡으면서, 일상의 음주 공간은 다시 세속의 공간으로 옮겨갔다.

르네상스 이후 유럽 경제가 성장하면서 술집은 변하기 시작했다. 북유럽 한자동맹을 중심으로 러시아, 스칸디나비아, 북독일, 영국까지 대륙 간 무역이 성행했고 포르투갈에서 시작된 대항해시대는 아프리카와 아시아 무역으로 상업 활동을 확장했다. 사람과 재화가 흐르자 머물고 먹을 곳이 필요했다.

타베르나, 가스트하우스, 여관Inn, 에일 하우스 등 이름과 규모는 달랐지만, 비슷한 역할을 하는 공간이 도시와 항구를 중심으로 등장했다. 숙박, 음식, 술이 제공됐고 연회, 공연, 매춘, 도박도 벌어졌다. 가장 중요한 기능은 정보의 공유였다. 대부분 문맹이었던 하층민들은 술집에서 도는 소문이 중요한 정보였다. 무역상들도 전쟁과 규제 같은 민감한 정보를 술집에서 교환했다.

화폐 경제가 확장되며 농촌에도 술집이 생겼다. 이런 풍경은 17세기 네덜란드 풍속화 속에서 쉽게 찾아볼 수 있다.

1625년 아드리안 브라우어의 '여관에서 술 취한 농부들'은 술집에서 맥주를 마시는 농부들을 담고 있다. 게임의 결과를 두고 놀라는 사람, 술에 곯아떨어진 남자, 우는 아이에도 아랑곳하지 않고 잠든 아낙네의 모습을 정겹게 그리고 있다. 농촌에도 여관Inn이 숙박 외에 다양한 역할을 하던 공간이었음을 당시 그림을 통해 알 수 있다.

상류층들은 여전히 하층민들이 모이는 술집을 멀리했다. 합스부르크 왕조 페르디난트 2세가 머물렀던 1648년 암브라스 성의 그림 속에는 거대한 양조장이 보인다. 술은 직접 양조해 마시거나 수도원에서 구입해 성에서 즐겼음을 짐작할 수 있다.

하지만 권력은 술집에 대한 통제권은 놓지 않았다. 신성로마제국에서 영주와 교회는 맥주의 재료였던 그루트 판매권으로 양조와 술집 허가에 관여했고 왕권이 강했던 영국에서는 왕이 직접 양조 허가를 관할하며 이득을 취했다. 때로는 영주와 수도원에서 양조한 술을 강매하기도 했다.

노동자의 쉼터, 펍

지박령 같던 상류층들을 밖으로 끌어낸 건, 혁명이었다. 산업혁명으로 세계 무역의 중심이 된 런던에는 수많은 사람들이 몰려들었다. 다양한 서비스를 제공하던 여관과 에일 하우스는 방문객들의 수요에 따라 숙박 여관, 레스토랑, 펍으로 분화됐다.

영국에서 펍은 노동자에게 유일한 여가 공간이었다. 귀족과 자본가들에게는 오페라, 와인, 연회 같은 유흥 거리가 있었지만, 노동자들에게는 일과 후 스트레스를 풀 곳이 마땅치 않았다. 펍은 하루

10시간 이상 노동을 한 사람들을 위한 안식처였다.

그곳에 가면 친구와 동료, 이웃이 있었다. 맥주와 음식을 먹으며 일상을 공유했고 세상 돌아가는 이야기를 하며 정치적 의견을 도모하기도 했다. 단순히 술집이 아니라 중요한 커뮤니티였기에 퍼블릭하우스Public house라 불렸고 줄여서 펍Pub이라는 이름이 붙었다.

17세기 초 엘리자베스 시대에 시작된 펍은 19세기 빅토리아 시대에 절정을 맞는다. 이때부터 상류층들도 펍을 찾았다. 내부에는 계급별로 들어갈 수 있는 방이 별도로 마련돼 있었다. 귀족과 자본가는 살롱Salon과 팔러Palour라는 방에서 술을 즐겼다.

프랑스에서는 혁명으로 봉건제가 철폐되자 상류 계급도 밖에서 술과 음식을 즐겼다. 맥주에 집중된 영국과 달리 다양한 술을 파는 곳이 많았다. 비스트로, 카바레, 바 외에 카페에서도 술을 마실 수 있었다.

초기 카페는 상류층을 대상으로 커피를 팔던 곳이었으나 점차 대중화되며 맥주와 와인도 판매했다. 에두아르 마네의 1878년 작 '카페에서'는 상류 계급으로 보이는 남녀가 황금색 맥주를 즐기는 모습을, 1882년 유작 '폴리베르제르의 바'에서는 유명한 영국 맥주 '바스'뿐만 아니라 샴페인, 와인, 리큐르 등을 판매하는 고급 바의 풍경을 볼 수 있다.

일상의 여행지가 된 대한민국 펍

대한민국 술집은 술보다 안주가 중요했다. 일제는 조선의 가양주를 말살했다. 우리의 좋은 술 문화도 사라졌다. 고속 성장 시대, 값싼 탁주와 희석식 소주를 팔았던 대폿집이 서민들의 술집이었다.

1980년대 후반 맥주가 대중화되며 호프집이 등장했다. 맥주보다 노가리, 오징어, 골뱅이 같은 안주가 주인공이었다. 1990년대부터는 치킨이 맥주의 파트너로 인기를 누리기 시작했다. 당시 맥주는 오비와 크라운, 두 종류뿐이었고, 다양성이나 풍미 면에서 주목받지 못했다.

선진국에 진입한 2010년에야 다채로운 문화를 표방하는 펍과 탭룸Tap room이 생겼다. 호프집이 대중 맥주를 값싼 안주와 먹던 곳이었다면 펍과 탭룸은 다양한 맥주와 전문적인 서비스를 제공하는 공간이다.

이곳에는 맥주 지식으로 무장한 전문가와 최적의 서빙을 위한 장비가 존재한다. 적절한 맥주의 탄산과 온도를 위한 냉장고와 전용 잔도 구비하고 있다. 음식도 맥주에 맞춰 구성된다.

겉으로 봤을 때는 외국 펍과 다를 바 없지만 한국 펍은 지향점이 사뭇 다르다. 우리에게 펍은 어떤 의미로 변하고 있을까? 영국 펍이 동네 사람들이 모이는 커뮤니티 공간이라면 한국 펍은 일상에서 벗어난 여행지와 같다. 펍을 간다는 것은 익숙하지 않은 장소로 떠나는 여행이다.

친구들과 수다를 떨 수도 있고 책이나 영화를 볼 수 있다. 흐르는 음악을 들으며 멍을 때려도 된다. 좋은 맥주와 음식은 이 모든 것을 뒷받침하는 최소한의 것일지도 모른다. 우리 매장을 보더라도, 많은 손님들이 단순히 맥주를 마시는 것을 넘어 자유를 즐기러 온다는 사실을 알 수 있다. 펍은 바쁜 일상에 쉼표를 찍는 공간이 되고 있다.

대한민국 펍이 문화 공간이 될 수 있을까? 당연하다. 다양한 한국 맥주를 즐기는 사람이 늘어날수록 펍은 우리 문화를 표출하는 공간으로 진화할 것이다. 펍은 단순한 술집이 아니다. 일상에 작은 쉼표를 찍는 문화의 공간이다. 모든 펍이 맥주를 사랑하는 사람들에게 안식처가 되기를. 평안과 위로를 누리는 요람이 되기를, 진정 그런 세상이 오기를, 기도해 본다. 살루스[Salus].

나는 전지적 맥주 시점으로 세상을 바라본다.

비록 지갑은 가벼워지겠지만 인생은 풍성해진다.

축구 동반자, 그 이름은 맥주

"남자들에게 가장 성스러운 순간은 친구들과 축구를 볼 때입니다. 하지만 시간이 갈수록 이 순간들은 사라져갑니다…. 우리는 레알 마드리드와 AC밀란의 챔피언스리그 경기가 열리는 저녁에 시와 음악이 있는 가짜 클래식 콘서트를 기획했습니다."

대형 스크린 위, 펜촉이 음악에 맞춰 리듬을 그렸다. 섬세하고 우아한 장면이었지만, 어딘가 낯설었다. 그러나 우아한 분위기와 달리 객석 대부분 사람의 얼굴에는 초조함이 역력했다. 특히 남자들의 표정은 착잡함 그 자체였다.

모두 AC밀란 팬들이었다. 레알 마드리드와의 경기를 포기한 채, 어쩔 수 없이 공연장에 앉아있었다. 여자친구 손에 이끌려 앉아있는 남자들은 멍한 눈으로 무대를 응시했고 교수님의 과제를 하기 위해 참가한 남학생들은 손톱을 깨물고 있었다. 저널리스트들로 보이는 사내들은 들키지 않도록 조심하며 연신 하품을 했다.

　15분 정도 흘렀을까. 바이올린과 첼로 위로 심상치 않은 기운이 느껴졌다. 음악에 맞춰 써 내려가던 시는 운율을 벗어나 묘한 분위기를 풍겼다. 갑자기, 스크린 속 펜이 움직임을 멈췄다. 이윽고, 관객들의 마음을 대변하듯 질문을 던지기 시작했다.

'상사에게 싫다고 말하기 어렵죠? 여자친구에게도 말하기 힘들어요. 그렇죠?'
'아무리 그렇다고 해도 어떻게 이 경기를 포기할 생각을 했어요?'

　그 순간 유럽 챔피언스리그 테마곡이 울려 퍼졌고 그제야 사람들은 뭔가에 당했다는 미소를 지으며 박수를 쳤다. 스크린에는 레알 마드리드와 AC밀란 선수들이 긴장된 모습으로 하이 파이브를 하고 있었다. 옆에는 빨간색 별을 품은 초록색 맥주가 웃고 있었다.

　누가 이런 짓을 벌였을까? 정답은 하이네켄. 이 유쾌한 사기극의 배후였다. 유럽에서 가장 큰 축구 이벤트 챔피언스리그에 맞춰 깜짝 몰래카메라를 준비한 것이었다. 이 영상이 스카이 스포츠에 소개되자 수천만 명의 사람들이 응원과 화답을 보냈다.

축구와 맥주의 노스탤지어

하이네켄을 마시고 있으면 챔피언스리그 테마곡이 귀에 들린다. 농담이 아니다. 가끔 흥얼거리기도 한다. 처음 봤을 땐 웃겼고, 두 번째부턴 감탄했다. 열 번 넘게 봤지만, 질리지가 않는다.

나 같은 축구팬은 안다. 저기 앉아 있는 사람들이 얼마나 짜증나고 안달이 났을지. 다른 경기도 아니고 레알 마드리드와 하는 챔피언스리그 경기 아닌가. 그 인내심엔 절로 감탄이 나왔다. 화면엔 나오지 않았지만, 그들의 손엔 아마 하이네켄이 들려있었을 것이다. 축구와 맥주, 둘 다 사랑하는 나 같은 사람에게는 축복과 같은 경험이었을 것이다.

나에게 축구와 맥주는 복잡다단한 감정으로 연결되어 있다. 인연, 아니 운명이라고 말하는 편이 나으려나. 나는 대한민국 서울의 축구팀, FC서울의 오랜 팬이다. 아들은 나를 '고인물'이라 부른다. 20년이 넘었으니, 왜 그런 말을 하는지 이해가 간다.

축구와 나의 인연은 정말 우연으로 시작되었다. 2004년 아내와 나는 아무 연고도 없는 상암동으로 이사 왔다. 직장이 가까운 것도 아니었다. 강북구에서 태어나 결혼할 때까지 살았으니, 다소 뜬금없는 결정이었다.

다른 이유는 없었다. 한일 월드컵이 끝나고 얼마 지나지 않아 여자친구(지금의 아내이니 오해하지 마시길)와 하늘 공원에서 데이트를 했다. 서울월드컵경기장 옆으로 드문드문 올라가는 아파트가 보였다. 나중에 여유가 되면 공원과 한강이 가까운 이곳에 왔으면 좋겠다고 생각했는데, 진짜 오게 된 것이다. 조금 충동적인 결정이기도 했다.

지금은 상암동에 MBC 같은 방송국과 대기업 건물이 즐비하지만, 20년 전에는 풀과 나무밖에 없었다. 아침에 출근하려 문을 나서면 현관에 청개구리가 붙어있었고 밤에는 정말 수리부엉이가 날아다녔다.

괜찮은 외식을 하려면 가양대교를 넘어 발산역으로 가거나 홍대 쪽으로 나가야 했다. 다행히 서울월드컵경기장 1층에 까르푸(홈에버를 거쳐 지금은 홈플러스가 됐다)가 있어 쇼핑을 가거나 커피를 마실 수는 있었다.

동네에 조금씩 적응해 갈 무렵, 우리의 놀이터였던 서울월드컵경기장에서 프로축구팀이 경기한다는 사실을 알게 됐다. 맹세컨대, 그때까지 대표팀 경기를 제외하고 프로축구를 한 번도 본 적이 없었다. 하지만 심심하던 우리 부부에게 축구 경기는 꽤 괜찮은 놀거리로 보였다.

정확히 기억한다. 2005년 3월 1일, 뱃속에 아기를 가진 아내와 FC서울 개막식을 보러 갔다. 실제로 경기장에 들어간 건 처음이었다. 확 트인 시야 속으로 의외로 가까운 연두색 잔디를 보자 가슴이 뻥 뚫렸다.

개막식이라 그런지 사람들이 가득 찼다. 월드컵 4강의 여운을 여전히 느낄 수 있었다. 삼일절을 기념하는 대형 태극기 뒤로 선수들이 등장하자 그라운드를 향해 큰 함성이 쏟아졌다. 경기도 재미있었다. 박주영 선수가 충격적인 퍼포먼스를 펼치며 프로 데뷔 경기를 승리로 이끌었다.

그날 이후, 축구에 푹 빠졌다. FC서울 경기가 있는 날이면 아내와 경기장을 찾았다. 한 손에는 맥주를 들고 소리를 지르면 스트레스가 풀리는 듯했다. TV에서 보는 것과 직관하는 것은 하늘과 땅 차이였다.

땀에 젖은 거대한 몸이 부딪히며 내는 소리는 묘한 쾌감을 일으켰다. '뻥' 하는 소리와 함께 공이 공중으로 솟구치면 마음속에 있던 무언가도 함께 날아갔다. 우리 선수가 파울을 당할 때는, 아드레날린이 솟아나며 나도 모르게 소리를 지르기도 했다.

이런 순간, 손에 들린 맥주는 흥분제이자 신경 안정제다. 경기가 격해질 때는 흥분치를 극도로 올리지만, 경기가 끝나면 쌓였던 갈증을 풀어주며 안정을 되찾게 한다.

다른 술에 비해 맥주가 스포츠와 친한 이유는 낮은 알코올 도수 때문이다. 스포츠를 관람하며 와인이나 위스키를 마신다고 생각해보자. 조만간 성가신 문제가 발생할 게 눈에 보인다. 그렇지 않아도 이성보다 감정이 지배하는 경기장에 과도한 알코올이라니.

오랜 축구 역사를 갖고 있는 영국과 독일에서도 고도주는 허용되지 않는다. 술과 스포츠의 관계는 언제나 순탄하지만은 않았다. 그 배경엔, 역사상 최악의 사건이라 불리는 '헤이젤 참사'가 있다.

1985년 벨기에 브뤼셀 헤이젤스타디움에서 리버풀FC와 유벤투스FC의 유러피언컵 결승전이 열렸다. 경기 전 두 팀의 팬들이 격렬하게 충돌했고, 그 사이를 막고 있던 벽이 무너지며 사상자가 발생했다.

39명이 사망했고 600명 이상이 부상당하는 비극적인 일이었다. 사상자 대부분은 유벤투스 팬이었다. 여러 원인이 있었지만 가장 큰 문제는 술에 취한 훌리건들이었다. 이 사고 이후, 영국 축구 클럽들은 5년간 유럽 대항전에 출전할 수 없었고 리버풀FC는 6년 동안 출전 금지를 당했다.

영국은 축구장을 다시 믿을 수 있는 공간으로 만들기 위해 강력한 음주 규제를 포함한 새 법을 만들었다. 참사가 축구를 야만이 우글대는 정글에서 이성이 지배하는 요람으로 바꾼 것이다.

축구 상처 치료제, 맥주

2019년 맨체스터 시티 경기를 보기 위해 영국에 갔을 때 축구 경기장 내 음주 문화를 경험할 수 있었다. 사실 이건 이별여행이었다. 우리 가족 안에 깊숙이 들어와 있던 '축구'라는 녀석과의 이별.

FC서울 팬이었던 나는 아들이 뛸 수 있는 나이가 되자 취미로 축구를 시켰다. 지근거리에 있는 축구 경기장과 넓은 공원은 활력이 넘치는 남자아이에게 훌륭한 놀이터였다. 그렇게 취미로 시작했던 축구는 시간이 지나면서 우리 가족의 삶으로 들어왔다.

주말 오후는 아들이 축구하는 모습을 보러가는 시간이었다. 그 시간만은 약속을 잡지도 않았고 여행도 가지 않았다. 초록색 잔디 위에서 드리블하고 골을 넣는 아이를 보는 것보다 재미있는 일은 없었다.

초등학생이 되자 훈련 시간이 일주일에 4일로 늘어났다. 누가 뭐라고 할 새도 없이 아이의 장래 희망은 축구선수가 되었다. 그러다 갑자기 가족 모두가 축구에 매몰되는 일이 일어났다. 아들이 덜컥 FC서울 유스팀에 뽑혀 버린 것이다.

유스팀은 취미를 벗어나, 축구협회에 선수로 등록된다는 것을 의미했다. 프로팀 유스는 축구선수를 희망하는 아이들의 로망이다. 홈페이지에 이름과 얼굴이 등록되고 팀 버스를 타고 경기를 다닌다.

아들은 주 6일 축구훈련에 몰두했다. FC서울에 대한 나의 충성심도 한없이 높아졌다. 잘하면 진짜 박지성처럼 될 것 같았다. 겨우 초등학생일 뿐인데 나는 정신적·육체적으로 축구에 완전히 매몰되어 버렸다. 지금 돌아보면, 그건 한번 발을 들이면 좀처럼 빠져나올 수 없는 블랙홀이었다.

자연스럽게 중학교도 축구가 있는 곳으로 진학했다. 나름 축구로 유명한 중학교였다. 하지만 축구선수의 길로 들어갈수록 이상은 현실이 되어갔다. 동계 훈련, 전지훈련, 주말 대회 등 각종 대회가 가족의 모든 것을 잡아먹어 버렸다. 개인 훈련을 하느라 주말은 말할 것도 없고 방학도 없었다.

아들이야 자기의 꿈을 위해 애를 쓰는 중이라지만 뒷바라지하는 나와 아내는 크고 작은 스트레스에 시달려야 했다. 과연 축구선수가 아이를 위한 길인지 끊임없이 되물었다. 이 끝에 무엇이 있을까 걱정하고 고민했다. 그런데 아이러니하게 아들이 전국대회에서 우승하는 날, 이 고민의 답이 나왔다.

아이가 중학교 2학년이 되던 해 가을, 이제 장소도 기억나지 않는다. 아들의 축구팀이 전국대회에서 우승했다. 중학교 2학년 전국대회는 매우 중요하다. 좋은 고등학교로 갈 수 있는 관문이 될 수 있기 때문이다. 우승은 곧 명문 축구 고등학교로 가는 티켓이었다. 그 순간까지는 그렇게 믿었다.

그런데, 아이는 이 대회를 끝으로 축구선수가 되지 않겠노라고 선언했다. 스스로 결정한 일이었다. 확률이 낮은 프로축구선수가 되기보다 공부해서 다른 길을 가는 게 좋을 거 같다고 솔직하게 마음을 털어놨다. 내심 바라던 일이었지만 허탈한 생각이 먼저 들었다. 나도 모르게, 마음 한구석에서는 축구선수로 성공한 아들의 모습을 그려왔던 것 같다. 그만큼 나 또한 축구에 빠져있었던 것이리라.

아이가 축구를 그만두자 아내는 아무 말 없이 영국행 비행기 티켓을 끊었다. 세상 누구보다 헌신한 아내였는데, 아들의 결정에 이래라저래라 하지 않았다. 차라리 잘됐다며 로망이었던 프리미어리그나 보자고 덤덤히 말을 꺼냈다.

그렇게 우리는 12월 말, 영국으로 떠났다. 특별히 응원하는 팀은 없었지만, 과르디올라의 화려한 축구를 보자는데 모두 동의했다. 다행히 우리가 영국에 있는 동안 맨체스터 시티와 에버튼의 경기가 있었고, 예약할 수 있었다.

오랫동안 FC서울 경기를 봐 왔지만 프리미어리그는 달랐다. TV에서 보는 것과는 하늘과 땅 차이였다. 엄청난 스피드와 기술, 쉴 틈 없이 움직이는 공과 선수들, 상대 팀 관중을 향해 거침없이 욕을 해 대는 사람들, 그런데, 정말로 관중들 손에는 아무것도 없었다. 한국에서 축구를 보며 항상 맥주를 들고 있었던 손이 허전할 정도였다.

맥주는 하프타임에야 허용됐다. 관중석을 나와 마련된 별도의 공간에서 맥주를 마실 수 있었다. 그곳에서는 네덜란드 맥주, 암스텔을 팔고 있었다. 아내와 나는 재활용 컵에 담긴 황금색 암스텔을 맛있게 마셨다. 그리고 가벼운 마음으로 흥분이 가시지 않은 관람석으로 돌아와 어느 때보다 즐겁게 축구를 즐겼다. 맥주는 축구 때문에 기쁘고 아팠던 날들을 조용히 털어주었다. 그때 그 맥주는 분명, 우리의 치유제였다.

맥주와 축구팀이 하나가 되었을 때

2024년 아쉬운 소식을 들었다. 리버풀FC 감독이었던 클롭이 팀을 떠난다는 뉴스였다. 나는 도르트문트 시절부터 감독 클롭을 좋아했다. 누구보다 축구에 열정적이지만 인간적으로는 소탈한 그에게 푹 빠졌다. 유명 선수가 아니었던 클롭이 자신의 철학을 바탕으로 바닥부터 시작해 정상을 차지한 스토리도 좋았다.

아이에게 대학에 들어가면 꼭 클롭의 축구를 보러 가자고 말하곤 했다. 그런데 그가 감독직을 내려놓았다. 헤비메탈 같은 리버풀FC 축구를 보며 칼스버그를 마시고 싶었는데, 너무 아쉬웠다.

리버풀FC와 칼스버그. 두 이름이 함께할 때, 팬들의 가슴은 두근거린다. 그것은 단순한 스폰서십이 아니라 로망 그 자체다. 가끔 FC서울 후원 맥주가 칼스버그라면 얼마나 좋을까 상상도 했더랬다.

1992년 영국 프리미어리그 출범 이후 30년 이상 지속되는 둘의 관계는 시대의 아이콘이 됐다. 리버풀FC의 빨간색 유니폼에 있는 칼스버그 로고는 승리의 부적이었다.

1995년 리그컵 우승을 시작으로 2001년에는 UEFA 우승컵을, 이스탄불의 기적으로 불리는 2005년 챔피언스리그에서도 빅이어를 차지하며 최고의 순간을 함께 했다. 2010년 비록 유니폼 스폰서는 스탠다드차타드 은행에게 양보했지만 둘은 지금까지 돈독한 관계를 유지하고 있다.

리버풀FC와 파트너십을 기념하기 위해 칼스버그가 창조한 맥주는 상상을 초월한다. 특히 2017년 25주년 기념 맥주로 출시한 필스너는 각별했다. 칼스버그는 이 이벤트를 위해 특별한 홉을 준비했다. 연구원들은 리버풀 경기가 나오는 스크린을 실내 농장에 마련했고 홉이 자라는 동안 꾸준히 영상과 소리를 노출시켰다. 리버풀FC의 영혼을 이식하기 위함이었다.

아니, 홉에게 축구팀의 영혼을 입히다니, 상상이나 되는가? 레드 홉으로 명명된 이 홉은 발효 후 홉을 넣는, 드라이 호핑 방식으로 맥주에 첨가됐다. 황금색 레드 홉 필스너는 리버풀FC 팬과 같은 붉은색 심장을 품고 있는 맥주였다.

리버풀FC와 26주년을 기념하는 한정판 맥주는 말이 안 나올 정도다. 아예 붉은색 보리를 재배해 세상에 없는 필스너를 창조했다. 말도 안 되는 일을 저지른 곳은 예상대로 칼스버그 연구소였.

연구소는 여러 품종을 개량한 끝에 붉은색 보리 재배에 성공했고 이를 리버풀 기념 맥주에 사용했다. 이 맥주의 색은 정말 붉다.

붉은색 필스너를 마시는 리버풀 팬들의 심정은 어땠을까? 가슴이 뛰고 눈물이 나지 않았을까?

1883년 이후 인류에게 맥주로 혁혁한 공을 세우고 있는 칼스버그 연구소에 박수를.

2022년, 파트너십 30주년 기념 맥주는 리버풀 진성팬들을 위한 선물이었다. 제이미 캐러거를 비롯한 6명의 레전드의 이름과 유니폼을 담은 맥주를 전 세계에 출시했다. 한국에서도 이 맥주를 마실 수 있었다.

칼스버그의 시도는 맥주이기 때문에 가능했고 맥주만이 할 수 있는 담대한 표현이었다. You'll Never Walk Alone, 리버풀의 이 문구는 맥주가 축구에게 전달하는 메시지이기도 하다.

언젠가 칼스버그를 따르며 입맛만 다셨다. 리버풀 로고 대신, 칼스버그병에 FC서울 엠블럼이 찍혀있다면 얼마나 좋을까. 상상만해도 웃음이 멈추질 않는다.

민중의 음료 맥주, 노동자의 스포츠 축구

술이 인류와 함께한 수천 년간 와인과 맥주는 사람들의 목을 적셨다. 하나는 귀족의 술, 다른 하나는 민중의 음료였다.

피치 위에서 원초적 투쟁으로 인류의 본능을 드러내는 축구는 맥주와 같은 피가 흐른다. 민중들의 유일한 놀이터였던 펍 또한 축구와 가장 밀접한 공간이다. 사람들은 그곳에서 맥주와 함께 축구를 보면서 정서적 일체감을 느끼고 스트레스를 풀었다.

우리가 축구에 열광하는 이유는 초록 잔디 위가 유일하게 허락된 전쟁터이기 때문이다. 축구 선수들은 전사다. 피 대신 땀을 튀기며 공 하나를 두고 쉼 없이 투쟁하고 부딪힌다. 하지만 전투가 끝나면 선수들은 악수하고 결과를 인정한다. 관중석에서 그들과 호흡하며 아드레날린을 뿜는 우리도 휘슬 소리와 함께 다시 문명으로 돌아온다. 감정 분출을 독려하던 맥주도 이제 갈증 해소를 도와주는 음료로 회귀한다.

한때 축구선수가 꿈이었던 아이는 원하는 대학에 입학했다. 지금은 축구 동아리에서 누구보다 재미있게 축구를 즐기고 있다. 나는 여전히 FC서울 경기를 보고 있다. 예전보다 마음이 가벼워져서일까, 더 이상 소리를 지르거나 흥분하지 않는다. 아니, 어쩌면 아들의 말대로 진짜 고인물이 되었기 때문일지도 모른다.

　변하지 않은 것은 맥주뿐. 손에 들고 있는 맥주는 그때나 지금이나 아름답고 맛있다.

PART 3
맥주, 세상을 외치다

맥주 한 잔을 들고 있는 당신, 자유롭다

　식당 한구석, 작은 체구에 헐렁한 셔츠를 입은 60대 남자가 난감한 표정으로 앉아있다. 이미 주문을 한 걸 보니 돈이 없어 안절부절못하는 것 같지는 않았다. 그의 시선은 벽에 붙어있는 맥주 광고에 꽂혀있었다.

　'마시고 싶다. 차가운 맥주…. 아니야. 역시 평일 대낮부터 술은….' 38년간 직장인으로 살아온 남자에게 낮에 맥주를 마시는 일은 금기였다. 그 순간, 갑자기 배경이 흐려지며 칼을 찬 무사가 문을 열고 들어왔다. 어느덧 주위는 오래된 술집으로 변해있었다. 놀란 눈으로 바라보는 남자를 비웃듯 당당하게 술을 주문하는 무사. 거나하게 한잔 들이켜며 '맛있다'를 연발한다. 환영이었다. 잠시 후 남자는 어깨를 들썩이더니 비장하게 외쳤다.

"주인장! 맥주!!"

황금색, 터질 듯한 탄산과 하얀 거품, 차가운 맥주를 단숨에 들이켠 남자는 한 번도 느껴보지 못한 자유를 만끽한다. '이게 하고 싶었어.' 엉겁결에 마신 '낮맥'은 마음 한구석에 남아있던 직장인의 잔상을 지워버렸다. 맥주를 비우며 남자는 결심한다. 환영의 무사처럼 맛있는 음식을 찾아 떠나는 방랑의 미식가가 되기로.

일본 드라마 '방랑의 미식가'의 첫 화 제목은 "한낮의 맥주"다. 맥주를 두고 고민한 남자의 이름은 가스미 다케시. 30년 이상 다니던 회사에서 부장으로 은퇴하고 동네를 어슬렁거리던 중이었다. 성실하지만 소심하게 살던 남자에게 용기를 준 건 맥주였다. 한낮에 마신 맥주가 인생의 2막을 열어준 셈이었다.

가스미 다케시 부장에 공감하는 사람이 비단 나뿐만은 아닐 것이다. 솔직해지자. 우리 모두 한 번쯤은 낮에 마신 맥주에 이유 모를 해방감을 느낀 적이 있지 않은가. '낮맥'이라고 해도 밤에 마시는 맥주와 다를 바 없을진대, 왜 우리는 '낮맥'에서 해방감을 느끼는 걸까?

맥주가 너희를 자유롭게 하리라

　15년 전 독일 쾰른에서 봤던 여성을 잊을 수 없다. 쾰른의 맥주, 쾰쉬를 마시기 위해 들어간 식당은 점심시간이 지나서였는지 한가로웠다. 맥주만 시켜도 됐는데 버릇처럼 소시지를 주문했다. 얼마나 지났을까. 흰머리에 베이지색 코트를 입은 60대 여성이 건너편 테이블에 앉았다. 혼자였다. 그녀는 쾰쉬를 주문한 뒤 가방에서 책을 꺼내 읽기 시작했다.

　한낮 레스토랑에서 맥주를 마시며 독서하는 노년의 여성이라, 그때까지 한국에서 한 번도 보지 못한 장면이었다. 여유롭고 우아한 그녀를 보며 난생처음 '저분처럼 늙고 싶다'라는 생각이 들었다. 별것 아닌 장면이 작은 울림으로 다가왔다.

　가스미 다케시 부장처럼 맥주는 나에게 새로운 세상을 열어주었다. 서른 후반, 누구나 그렇듯 맥주는 소주에 타 먹는 맹맹한 술이었다. 향이 무딘 소주와 맥주가 맛이 없어 와인에 빠지기도 했다. 와인은 멋진 향과 문화를 가진 고급술로 보였다. 하지만 해외 출장 중 호기심으로 마신 맥주들이 이런 편견을 조금씩 무너뜨렸다.

　프랑크푸르트, 뮌헨, 밤베르크, 라이프치히, 베를린 그리고 쾰른. 독일에서 마신 맥주 뒤에는 인간의 삶과 이야기가 숨어있었다.

궁금했다. 왜 독일 맥주에서는 한국 맥주와 다른 정서를 느꼈던 걸까? 아직 맥주 정보가 충분치 않던 시절, 인터넷과 해외 서적으로 공부를 시작했다. 취향을 공유하는 사람들도 만나면서 나는 맥주의 심연으로 빠져들었다.

더 넓은 세계를 보며 답을 찾고 싶었다. 독일과 영국, 벨기에로 오로지 맥주를 위한 여행을 떠났다. 그리곤 다시는 헤어 나올 수 없는 마력에 휩싸였다. 특히 밤베르크는 나를 맥주 구렁텅이로 영원히 밀어넣었다.

밤베르크는 훈연 향이 나는 맥주, 슈렝케를라가 유명하다. 이곳에는 나의 맥주 스승 한스가 살고 있었다. 그는 길거리에서 슈렝케를라를 맛보는 게 밤베르크 방식이라며 이른 아침 레스토랑으로 불러냈다.

오전 9시, 사람들은 이미 맥주를 마시며 신문을 보거나 이야기를 나누고 있었다. 낮도 아니고 아침부터 맥주라니, 그것도 길가에서. 처음에는 어색했지만, 곧 생각을 바꿨다. '뭐 어때? 죄를 지은 것도 아니잖아.' 주문을 마치자 나무통에서 잔으로 흘러 들어가는 검은색 액체가 보였다. 설렘으로 가슴은 콩닥거리고 있었다. 양조장에서 바로 가져온, 진짜 살아있는 생맥주였다.

나는 마치 개선장군이 된 양 맥주를 들고 밖으로 나왔다. 그리고 한스의 미소를 받으며 천천히 한 모금 머금었다. 나무통에서 흘러나온 맥주는 완연한 흑색을 품고 있었다. 이윽고 불에 그을린 나무 향이 코끝을 자극했고, 입안에서는 은근한 건자두와 흑설탕의 힌트가 미끄러지듯 스쳤다.

지나가던 밤베르크 사람들이 내 어깨를 툭툭 치며 환한 웃음을 보냈다. '너 이제 진짜 밤베르크 사람이 된 거야!' 슈렝케를라 레스토랑 길가에서 마셨던 맥주는 인생 통틀어 가장 맛있는 기억으로 남아있다.

영국 맥주 여행은 가슴 속에 낭만으로 굳어있다. 런던 유스턴역에서 맨체스터행 기차를 기다리면서 마신 런던 프라이드는 물처럼 시원했다. 오전이었지만 맛없는 에그 베네딕트에 맥주를 마셔도 눈치 볼 일이 없었다. 서울역에서 그랬다간 사람들 시선에 체했을지도 모른다.

가족여행으로 간 런던에서 마신 맥주도 잊을 수 없다. 어둠이 내린 런던 뒷골목, 우연히 들어간 조지인 펍은 사람들로 꽉 차 있었다. 겨울이었지만 아내와 나는 야외 테이블에 앉았다. 희미한 재즈 음악 속에 가스난로의 따스함을 느끼며 조지인 에일을 마셨다. 입술을 대자 홉 향이 부드럽게 코끝을 스쳤고, 약간의 기포가 혀를 간지

럽혔다. 그 시간 함께 있다는 사실이 동화 속 한 장면처럼 느껴질 뿐. 영국의 골목에서 느낀 따스한 낭만은 오래도록 마음속에 남았다.

맥주 향에 이끌려 도착한 벨기에는 '연결'이라는 화두를 던져 주었다. 벨기에 베스트말레 수도원에서 본 할머니와 손녀의 뒷모습은 아직도 눈에 선하다. 수도원 옆에는 100년 된 레스토랑, 트라피스텐 카페가 있다. 도심과 멀어 사람이 없을 줄 알았더니 정오가 되면서 손님들로 가득 찼다. 베스트말레 에일과 음식을 즐긴 후 밖에서 환담하는데 우연히 입구로 들어가는 할머니가 보였다. 환하게 웃고 있는 그녀의 양손에는 귀여운 손녀들이 있었다.

할머니가 어렸을 적에도 누군가의 손을 잡고 이곳에 왔겠지? 그녀는 그 시절을 기억하고 있을까. 아름다운 순간이었다. 세대를 이어 맥주로 나눌 수 있는 추억이 부러웠다. 그들의 행복한 얼굴은 지금도 사진처럼 머릿속에 남아있다. 이들에게 낮맥을 마시며 자유를 부르짖는 가스미 다케시 부장을 보여주면 이상한 호들갑으로 보일 것이다. 낮에 맥주 한잔하는 게 뭐가 대수라고.

잘못된 술 문화의 사생아

아시아 문화에서 낮에 맥주를 마시는 것은 불경한 일이었다. 열심히 일해야 할 근무시간에 맥주라니. 자고로 술은 낮이 아닌 밤에 마시는 게 아니던가. '혼맥'도 불손하다. 알코올 중독자도 아니고 어떻게 맥주를 혼자 마실 수 있는가?

한국에서 술은 업무를 마친 후, 함께 모여 부어라 마셔라 해야 자연스러운 것이었다. 팀장님의 건배사에 맞춰 원샷을 때리는 청량한 액체는 화장실을 부르는 황금빛 악마로 변한다. 흐린 동태눈을 하고 알코올이 만든 흥분 속에 '우리는 하나'를 외쳐야 그게 술이다. 제길. 취함이 곧 화합이라는 산업화 정신은 이내 소주를 부른다. 취하기 위해 섞은 소맥은 잘못된 술 문화의 사생아에 불과하다.

맥주가 공동체 화합을 위한 술에서 벗어났을 때, 우리는 낮에 마시는 맥주, 즉 오롯이 나만을 위해 마시는 그 한 잔에 자유를 느낀다. 가스미 다케시 부장이 낮맥에서 해방감을 느꼈던 이유도 마찬가지 아닐까? 그제야 비로소 황금빛 악마는 황금빛 천사로 돌아온다. 같은 맥주라 해도, '낮맥'과 '밤맥'은 서로 다른 문화적 맥락을 지닌다.

물론 맥주를 시도 때도 없이 허용해야 한다는 뜻은 아니다. 강요되고 억지로 취하는 문화가 사라져야 한다는 말이다. 여전히 '낮맥'과 '혼맥'이 낯설게 느껴진다면, 우리는 여전히 과거 술 문화에서 벗어나지 못했다는 의미다. 집단이 아닌, 개인의 취향과 다양성이 존중되는 술 문화가 중요하다.

술이 문화의 일부분이라는 사실은 우리에게 생소한 이야기다. 문화란 그 시대의 정신과 관습이 성장하고 축적되면서 만들어지는 사회적 가치다. 일제강점기, 한국전쟁, 독재시대 그리고 급격한 산업화를 겪으며 한국의 술 문화는 단절되었다. 안타깝게도 단절의 간극이 큰 만큼 전통을 온전히 되돌리는 것은 불가능하다.

가스미 다케시 부장이 대낮에 맥주를 마시며 자유를 느끼는 모습에 우리가 공감하는 건, 그의 낮맥이 우리 문화가 가지고 있는 금기를 소심하게나마 깼기 때문이다. 낮맥이든 밤맥이든 자유의지가 결정할 문제지 금기일 필요는 없지 않은가. 성숙하고 올바른 술 문화가 필요할 뿐이다.

다행스럽게 우리 사회에서도 다양성을 존중하는 모습들이 조금씩 생기고 있다. 여전히 산업화 시대의 폭력적인 술 문화가 남아있지만, 나이와 직책에서 오는 위계가 희석되고 개인의 취향을 배려하는 사회적 가치들이 스며들고 있다.

맥주, 올바른 술 문화의 시작

취향, 합의, 존중, 개성, 다양성. 맥주는 지금 시대가 요구하는 가치를 만들 수 있는 잠재력을 가지고 있다. 시원하고 청량감 가득한 라거든, 바나나 향이 묻어나는 바이스비어든, 짜릿한 신맛이 침샘을 자극하는 람빅이든, 양조사의 개성이 넘치는 크래프트 맥주든, 어느 맥주를 선택하든 개인의 영역이다. 다양성을 인정하고 개성을 존중하면 자유와 소통의 여지가 생긴다. 소통에 목마른 팀장님이 삼겹살집이 아닌 크래프트 맥주 펍에 자주 보이는 이유이기도 하다.

오랫동안 맥주는 그 시대 대중들의 이야기를 담아왔다. 우리는 맥주를 통해 과거와 현재의 모습을 가늠해볼 수 있다. 그 사연들을 공감하고 해석하면, 맥주는 문화로 다가온다. 맥주를 문화로 바라보면 시대정신에 맞는 술 문화를 만들 수 있다. 맥주가 사회에 긍정적인 영향을 끼치고 새로운 K컬처를 전파하는 상품이 될 수 있다면, 품지 않을 이유가 없지 않을까?

식당을 나오며 당당한 표정으로 '해냈다'를 외치는 가스미 부장에게 소소한 응원을 보낸다. 맥주 한 잔도 자기 뜻대로 결정하지 못했던 가련한 인생에 연민의 마음도 보탠다. 내가 작가라면 2화부터는 가스미 부장이 낮맥 동아리를 만든 후 맥주 문화를 펼쳐가는 내용으로 만들겠건만. '방랑의 맥주 덕후' 시리즈를 기대하는 건 비현실적인 바람이려나?

가스미 다케시 부장이 낮맥 한잔에 느끼는 자유로움에 더 이상 공감하지 말자. 그리고 기억하자. 낮과 밤이 아닌 지금 손에 들고 있는 맥주에 이미 자유롭다는 것을.

맥주야, 정치를 부탁해

2022년 10월 치러진 오스트리아 대선, 반항기 어린 눈빛을 내뿜는 남자가 자신의 얼굴이 담긴 커다란 패널 뒤에서 지지를 호소하고 있었다. 긴 머리, 문신이 가득한 팔, 청바지를 걸친 모습은 엘리트 냄새가 솔솔 나는 다른 후보들과 확연히 달랐다. 우리에게는 히피가 대통령으로 출마하는 그림이 낯설 수 있지만, 이 남자는 엄연한 정식 대통령 후보였다.

대선 결과는 오스트리아 기득권 정당을 경악에 빠트렸다. 다른 유럽 국가도 주목했다. 1위는 예상대로 녹색당 반 데르 벨렌이었다. 57% 득표율을 올리며 재선에 성공했다. 2위는 18%를 얻은 오스트리아 자유당의 발터 로젠크란츠였다. 그러나 주인공은 따로 있었다. 8.3% 득표율로 3위에 오른 37살의 히피 청년, 도미닉 블라즈니였다.

그가 속한 당은 2019년 총선에서 0.1%, 2020년 빈 주 지역 선거에서는 1.8% 득표율을 획득한 소수 정당이었다. 의석은 하나도 없었고 심지어 예산과 인력이 부족해 빈 주 밖에서는 선거운동을 하지 못했다. 전국에 붙인 선거 포스터도 8개에 불과했다. 오스트리아 대선에서 3위를 차지하며 유럽을 경악시킨 당의 이름은 맥주당 Austria Die Bierpartei이었다.

맥주로 세상을 바꾸는, 맥주 정당

마르코 포코 Marco Poco로 더 알려진 도미닉 블라즈니는 의사 출신 로커다. 마르코 포코는 펑크 록밴드 터보비어 Turbobier 리더의 또 다른 이름이다. 터보비어는 그의 밴드이자, 그가 직접 만든 맥주의 이름이기도 했다. 밴드는 2016년과 2022년 오스트리아 뮤직 어워드를 수상하며 여전히 활발하게 활동하고 있다.

맥주 정당을 만들겠다는 아이디어는 '맥주당' Die Bierpartei이라는 첫 앨범에서 나왔다. 노래 가사에는 '맥주 주세를 폐지하고, 모든 맥주 양조장이 큰돈을 벌게 하겠다'라는 내용이 들어있었다. 그러나 2014년 블라즈니가 맥주당을 만들었을 때, 이 가사를 진지하게 실현하려고 했던 건 아니었다.

초기 강령은 빈에 맥주 분수를 설치하고 오스트리아 국민들에게 매월 50리터의 맥주를 공짜로 나눠주는 법을 제정하는 것이었다. 맥주에 청량음료를 섞은 라들러 같은 음료를 빈^{Wien}에서 판매할 수 없도록 하는 법도 약속했다. 맥주 애호가들에게 라들러는 불순한 술이었다. 솔직히, 진지한 정책이라기보다 현실 정치를 놀리는 장난에 가까웠다.

맥주당이 본격적으로 정치에 발을 들이게 된 건, 2019년 공개된 스캔들 동영상 때문이었다. 동영상에는 2017년 오스트리아 부총리가 스페인 이비자섬에서 러시아 여성 재벌에게 카지노 사업권과 고속도로 개발권을 주는 대가로 정치 자금을 요구하는 모습이 담겨있었다. 이 스캔들로 부총리는 사임했고 총리와 내각도 모두 물러났다. 1945년 이후 오스트리아에서 처음 있는 일이었다.

블라즈니는 이비자 스캔들을 통해 드러난 정치인들의 가식을 풍자하는 의미로 2019년 국회의원 선거에 출마했다. 맥주 분수를 만들고 공짜 맥주를 나눠주는 것이 세상을 더 긍정적으로 바꿀 수 있다고 설파했다. 선거운동에는 당연히 무료 맥주가 동원됐다. 인원과 예산의 제약으로 오스트리아 전역에서 5,000여 표를 얻는 데

그쳤지만, 맥주당은 정치 무력증에 빠진 유권자를 선거로 불러 모으는 계기를 마련했다.

이에 그치지 않고 2020년 빈 지방 선거에 참여한 맥주당은 놀랍게도 대부분 지역구에 후보를 냈다. 기존 강령에 세련된 공약들이 더해졌다. 코로나 때문에 고통받는 예술가 지원이라든지, 공공 보건 문제, 더 나아가 환경 문제까지 거론했다. 기존 정당에 비해 조직력은 열세였지만 1,000여 명의 당원들의 노력 덕에 1.8% 득표율을 얻을 수 있었다. 낮은 득표율이었지만 블라즈니는 할 수 있다는 용기를 얻었고 2022년 대통령 선거에 출마를 결심했다. 그리고 3위에 오르는 기염을 토했다.

맥주야, 정치를 부탁해

우리에게 생경하지만, 유럽에서는 이미 30년 전부터 맥주 정당이 존재했다. 대부분 맥주 정당이 1990년대, 소련 공산주의가 몰락한 시점에 출범했다. 폴란드, 벨라루스, 우크라이나, 동독 심지어 러시아에서 탄생한 맥주 정당 이름은 공교롭게 모두 '맥주 애호가당'이었다.

중심에는 1990년 창당한 폴란드 맥주 애호가당[Polska Partia Przyjaciol]

Piwa이 있었다. 발단은 1980년 말에서 1990년 초까지 TV에서 방영된 '비어 보이 스카우트'였다. 이 시트콤은 보이 스카우트 단복을 입은 남자들이 맥주 내기를 하며 모험하는 내용을 담고 있었다.

아이디어는 술자리에서 나왔다. 어느 날 방송을 준비하던 스태프와 출연진이 맥주를 마시다 맥주당을 창당하자는 농담을 했고 장난처럼 나온 의견이『판』이라는 잡지 편집장 귀에 들어가며 구체화됐다.

당명은 폴란드 맥주 애호가당, 강령은 맥주 양조와 소비 장려를 통해 좋은 맥주를 부흥시켜 보드카를 시장에서 몰아내는 것이었다.『판』의 편집장 아담 할베르는 1990년 가을 호에 맥주 애호가당원을 모집하는 광고를 냈고 실제 수천 명의 사람이 입당했다.

당의 총수는 비어 스카우트의 주연 배우 야누시 레빈스키. 구체적인 정강 정책도 마련했다. 독주의 세금을 올리고 소규모 맥주 양조장 설립 절차를 간소화하는 것이 골자였다. 좋은 양조 용수를 위한 환경법을 강화하는 정책도 있었다.

레빈스키의 대중적 인지도와 톡톡 튀는 강령은 유권자의 눈길을 끌기 충분했다. 그리고 1990년 10월, 세계 선거 역사상 유일무이한 일이 일어났다. 맥주 애호가당이 무려 16명의 의원을 배출해

낸 것이다.

그렇지만 현실 정치는 맥주 애호가당에 녹록지 않았다. 맥주당의 가치는 흥미로웠지만 보편성을 갖기는 부족했다. 당에 어울리지 않는 사람들이 들어온 것도 문제였다. 외연을 확장하기 위해 영입된 사업가들은 당의 비전보다 자신의 몸값을 높이기 위한 활동에 힘썼다. 당은 길을 잃었고 1993년 폴란드 대통령 바웬사가 의회를 해산했을 때 사라지고 만다.

이 시기에 맥주 애호가당이 동유럽 국가에 공통으로 등장한 가장 큰 이유는 불안정한 민주주의 시스템 때문이었다. 공산주의 옷을 막 벗은 나라들은 민주주의가 어색할 수밖에 없었다. 그 과정에서 다양한 이념과 가치를 가진 정당들이 나타났다. 수많은 계급이 정치에 참여했고 진영은 분열됐다. 어지러운 시기, 정치에 신물이 난 유권자는 진영에 얽매이지 않고 유쾌한 비전을 제시한 맥주 애호가당에 표를 던졌다.

폴란드와 달리 러시아, 벨라루스, 우크라이나에서 탄생한 맥주정당은 의회에 진출하지 못했다. 이유는 엇비슷했다. 사람들의 욕망을 실현하는 보편적 가치를 제시하지 못했을뿐더러 업계 이해관계에 매몰되어 정치적 확장에 실패했다. 국민 건강과 보건이라는 측면에서도 대중적 설득력이 부족했다. 그럼에도 불구하고 사람들은 맥주에서 잠시나마 정치적 낭만을 느낄 수 있었다. 맥주는 특별한 철학이나 계급 없이, 그저 함께 마시는 '정서'로 사람들을 엮었다.

맥주, 정치와 만나다

맥주가 정치와 연결되기 시작한 시기는 18세기부터다. 프랑스혁명과 산업혁명은 귀족과 농민으로 구분되던 시대를 노동자와 자본가 시대로 바꿨다. 1848년 자유주의 혁명이 유럽을 휩쓸면서 부르주아지들의 전유물로 여겼던 의회 권력이 노동자, 농민, 시민 계급으로 분산되기 시작했다.

야콥 블루메는 『맥주, 세상을 들이켜다』에서 노동자 계급의 정치적 각성을 맥주에서 찾았다. 노동자의 술은 싸구려 증류주였다. 고된 노동과 낮은 임금, 참혹한 환경 속에서 노동자들은 빨리 취할 수 있는 증류주를 선호했다. 자본가들은 노동자들이 싸구려 증류주에 중독되는 것을 지켜만 봤다. 술에 취한 노동자들은 열악한 현실에 불만을 느끼지 않았다.

알코올 중독은 사회 문제를 눈덩이처럼 불렸다. 가정은 파괴됐고 공동체는 망가졌으며 노동의 질도 떨어졌다. 19세기 후반, 노동자 단체가 의회에 진출하면서 절주는 주요한 이슈가 됐다. 노동단

체는 노동자들이 알코올 중독에 빠지지 않도록 교육과 캠페인을 벌였다. 증류주가 심각한 국가적 위협으로 다가오자, 정부와 기업도 이에 동참했다.

대안은 맥주였다. 싸구려 독주보다 맥주가 장려됐다. 가격 부담이 없었고 알코올도 낮았다. 때마침 독일 바이에른을 중심으로 맛과 품질이 뛰어난 라거가 부상했다. 거대 맥주 홀의 유행도 이 흐름에 한몫했다. 독일 노동자는 맥주 홀에서 라거와 함께 스트레스를 풀고 사회 문제를 이야기했다.

독일 맥주 홀의 역할을 영국에서는 펍이 담당했다. 펍은 일에 지친 노동자들이 유일하게 여가시간을 보낼 수 있는 곳이었다. 사람들은 맥주를 마시며 일상을 나눴고 더 나아가 사회와 정치에 대해 토론했다. 맥주 홀과 펍이 노동자의 놀이터가 되며 맥주는 정치와 손을 잡았다.

새로운 대한민국, 맥주가 함께 하길

2024년 오스트리아 맥주당의 결과는 어떻게 될까? 도미닉 블라즈니는 많은 후보를 내겠다고 공언했다. 4년 전보다 정제된 모습으로 선거를 준비하며 30년 전 폴란드 맥주 애호당과 다른 길을 걷고 있다.

2024년 총선을 앞두고 블라즈니는 유로 뉴스와의 인터뷰에서 기후 변화와 사회적 연대를 강조했다. 맥주 당원으로 입후보한 카트린 프라프로트니크는 기회의 평등, 보건, 교육을 내걸었다. 맥주 문화를 통해 젊은이들이 정치에 관심을 갖게 하고 언더독이 승리하는 모습을 보여주려는 의도일까. 과거에는 다양한 맥주를 선택할 수 있는 자유와 권리 같은 모호한 가치를 이야기했다면 지금은 현실 정치에 어울리는 보편적 가치를 다듬고 있는 것으로 보인다.

오스트리아 맥주당이 총선에서 유의미한 결과를 얻기는 쉽지 않을 것이다. 맥주를 통해 보편적 가치를 설득력 있게 전달하는 일은 결코 쉽지 않다. 그러나 다양성과 취향을 존중하고 자신이 믿는 가치를 당당하게 주장하는 그들의 문화가 부럽다. 만약 대한민국 총선에 도미닉 블라즈니가 있다면 어떻게 될까? 아마도, 그의 이력이나 콘셉트는 조롱거리가 되었을지 모른다. 그리고 정치적 조리돌림을 당하며 조용히 사라졌겠지.

곧 다가올 대한민국 대선, 엄청난 마타도어와 갈등이 넘쳐나겠지만, 격랑의 물결 속에서도 국민들이 올바른 선택을 하길 바란다. 노동자, 서민 계층의 정치 참여에 맥주가 멋진 파트너였듯, 다양성에 대한 존중, 맥주잔 아래 평등할 수 있는 권리, 침범당하지 않는 자유를 지향하는 맥주 문화가 대한민국을 이끌어갈 대통령 선택에 도움이 되었으면 좋겠다.

내란으로 얼룩졌던 이 땅에 새로운 희망이 넘실거리길 진심으로 바란다. 물론 그 순간에 시원한 맥주가 함께 있다면, 그보다 더 좋을 수 없을 것이다. 더 멋져질 대한민국을 위해, 건배!

P.S. 2024년 오스트리아 총선에서 비엔나에 후보를 낸 맥주당은 2.12%를 차지했다. 어쨌든 축하!

맥주 히치하이커를 위한 취향 안내서

"어떤 맥주가 좋아요? 추천해주세요."

매장에 처음 오신 손님 중 가끔 맥주를 추천해달라는 부탁을 하신다. 메뉴에 맥주 이름과 설명이 있음에도 주인장의 추천 맥주가 미더운 모양이다. 나는 늘 같은 말로 답한다.

"맥주는 취향입니다. 시간을 가지고 천천히 메뉴를 읽어보신 후 골라보세요. 만약 시음을 원하시면 해 드리겠습니다."

이렇게 말씀드리면 대부분 손님은 시간이 걸리더라도 직접 맥주를 고르고 주문한다. 그리고 추가 요구 없이 자신의 선택에 만족하고 결과를 받아들인다. 내가 맥주 추천을 하지 않는 이유는 손님의 취향을 모르기 때문이다. 예닐곱 가지의 맥주라도 색, 향미, 알코올이 다르다. 괜한 추천이 더 나쁜 결과를 부를 수도 있다.

『시대예보: 호명사회』 저자 송길영은 우리 사회 특징으로 '시뮬레이션 과잉'을 꼽았다. 불안정한 환경에서 불안감을 잠재우려 수많은 시뮬레이션을 한다는 것이다. 취준생들은 커뮤니티에서 제시하는 스펙을 쌓으려 노력하고 수십만 명의 입시생들은 대입 모의지원을 통해 실시간으로 자신의 위치를 확인하려 한다.

부동산이나 주식 투자 심지어 여행 코스를 계획하는데도 유튜브의 실시간 정보를 토대로 시뮬레이션을 진행한다. 식당 방문이나 배달 음식 주문에도 인터넷 추천 수가 기준이 되고 있다. 모두 불확실성을 피하고 최소한의 노력으로 결과를 얻으려고 한다.

맥주에도 예외는 없다. 다양한 수입 맥주와 크래프트 맥주가 등장한 요즘, 맥주를 고르는데 누군가의 추천을 받으려는 모습은 이상하지 않다. 예전 호프집에서 맥주는 그냥 '시원하면 장땡'이었다. 굳이 맥주에 시간을 들일 필요가 없었다. 기껏해야 카스와 테라를 고민하는 정도? 호프집에서 취향은 고려 대상이 아니었다.

맥주 추천을 원한다는 것은 맥주 한 잔에도 실패를 피하고 싶다는 뜻이다. 도전이 두렵다는 의미이기도 하다. 도전은 취향의 세계로 떠나는 첫 관문이다. 취향을 찾고 싶다면 도전이 필요하다. 작은 성공과 실패가 쌓여야 내가 무엇을 좋아하는지 알 수 있다. 결과를 오롯이 들여다보고 내면의 소리에 귀를 기울여야 취향이라는 궁극의 답이 나온다.

취향을 안다는 것

우리는 그동안 취향을 밝히는 데 소극적이었다. '나'는 사라지고 다수의 의견에 묻어가는 안전한 선택에 익숙해져 있었다. 시대가 변하고 있다. 가장 비근한 예가 이번 불법 계엄 탄핵 집회다. 수많은 젊은이들이 자신이 옳다고 믿는 바를 표현하려 광장에 나왔다. 기성세대와 달리 자기 생각과 취향을 드러내는 데 주저함이 없었다.

지연과 학연이 중심이던 커뮤니티도 이제 취미와 취향을 공유하는 방향으로 진화되고 있다. 맥주 커뮤니티에서는 상대방의 직업이나 성별은 별로 중요하지 않다. 맥주 정보와 경험도 취향을 근거로 공유된다.

그럼에도 취향을 찾지 못해 방황하는 사람들이 여전히 많다.

특히 중장년층에게 취향은 생소한 영역이다. 40대 이상 연령층에서 골프를 취향이라 착각하는 경우도 종종 보인다. 가련한 사람들, 진짜 취미는 장비보다 찰나의 몰입에서 드러난다. 우리 사회의 트렌드가 지나치게 빠른 이유도 자신의 취향을 몰라 타인의 입김에 쉽게 휩쓸리기 때문이다.

어떻게 하면 취향을 알 수 있을까? 생각보다 어렵지 않다. 내가 무엇을 좋아하고 어디에 관심이 있는지, 재미를 느끼고 가슴 떨리게 하는 일은 무엇인지, 시간을 두고 찾으면 답은 나오기 마련이다. 중요한 건 그다음이다. 도전해 보는 것.

취향을 향한 작은 도전에 맥주는 좋은 출발점이다. 맥주에는 우주의 별만큼 스타일이 넘쳐난다. 스타일이 많다는 것은 취향에 맞는 맥주가 존재한다는 의미다. 전통적인 황금색 라거부터 밀 맥주 바이스비어, 신맛이 도드라지는 람빅, 에스테르 향이 멋진 영국 에일, 수도원에서 만드는 트라피스트 에일, 과일 향이 폭발하는 미국 IPA, 오크통에서 숙성을 거친 임페리얼 스타우트까지 그 수는 백여 가지가 훌쩍 넘는다.

게다가 다른 술에 비해 가격 부담도 덜하다. 첫걸음이 경쾌해야 끝까지 갈 수 있다. 취향을 향한 도전에 주머니가 가벼워진다면 그것만큼 불행한 일도 없겠지. 맥주는 한 캔에 삼천 원짜리부터

750ml에 이삼만 원까지 가격의 폭이 넓다. 그렇다고 무조건 많이 마시라는 뜻은 아니다. 취향도 좋지만, 건강이 우선이다. 무턱대고 마시다간 건강뿐 아니라 재미까지 사라진다.

취향을 찾는 여정을 맥주로 시작하는 사람들을 위해 여기 '맥주 히치하이커를 위한 취향 안내서'를 공개한다. 이 안내서를 보며 모든 사람이 아름다운 맥주 은하수를 건너는 모험가가 되었으면 좋겠다. 수도원 맥주에 숨겨진 비밀을 찾는 탐험가가 되어보는 것도 좋을 테고.

편의점 속 맥주 은하수

대한민국은 만 원에 4~5캔의 맥주를 고를 수 있는 몇 안 되는 국가다. 어쩌면 유일할 수도 있다. 마트와 편의점은 맥주 소비자에게는 고마운 장소다. 라거를 만 원에 네 캔이라는 개꿀에 사 먹을 수 있으니까. 라거도 모두 같은 라거가 아니다. 이 도전의 숨은 재미가 여기에 있다. 겉으로는 모두 황금색을 띠고 있지만 필스너, 헬레스, 페일 라거처럼 스타일이 다르다.

먼저 편의점 선반에 필스너 우르켈이 있다면 땡큐를 외쳐보자. 필스너 우르켈은 체코 필스너의 원조 맥주이자 모든 황금색 라거의 어머니다. 체코 필스너는 맥아에서 나오는 고소한 풍미와 낮은 쓴맛이 매력이다. 우아하고 기품이 넘치며 부드럽다.

체코 필스너가 있다면 독일 필스너도 있다. 독일 필스너는 체코에 비해 날카로운 홉의 느낌이 살아있다. 선반에 크롬바커 필스너가 보이면 냉큼 집어보자. 홉 향은 향기롭고 목 넘김은 깔끔하다. 체코와 독일, 모두 필스너라는 이름을 공유하지만 미묘하게 다른 뉘앙스가 색다르게 다가올 것이다.

헬레스라는 맥주도 있다. 독일 뮌헨에서 건너왔다. 황금색이라 잔에 따르면 겉으로는 필스너와 구분되지 않는다. 차이점은 향미에 있다. 필스너에 비해 뭉근한 맥아 향과 낮은 쓴맛이 매력이다. 몇 잔이고 꿀떡꿀떡 마실 수 있다. 편의점에서 볼 수 있는 파울라너 헬레스는 부드럽고 깔끔하다. 갈증 해소에 이보다 좋은 맥주는 없다. 가벼운 핑거 푸드가 있다면 금상첨화.

칼스버그나 하이네켄 같은 북유럽 라거들은 어떨까? 헬레스에 비해 청량하지만, 필스너보다 낮은 쓴맛을 갖고 있다. 홉 향도 적다. 무난하지만 그만큼 호불호가 없다는 뜻. 낮맥으로 마시기에 딱이다.

이렇게 맥주잔에 따르면 비슷해 보이는 황금색 라거도 스타일에 따라 향미와 느낌이 다르다. 거품 아래 숨어있는 미세한 뉘앙스를 꿀꺽 넘기며 비교해 보는 것, 그것이 이 도전의 묘미다. 탄산이 혀끝을 간질이고, 끝에 남는 고소한 쌉싸름함은 오래도록 감각에 남는다. 강력 추천.

같은 나라에서 온 다른 라거를 비교해 보는 것도 흥미롭다. 일본을 대표하는 아사히, 산토리, 기린, 삿포로 맥주는 미묘한 향과 바디감에서 차이를 보인다. 아사히가 가장 가볍다. 깔끔한 목 넘김이 좋다. 산토리와 기린은 홉에서 나오는 향긋한 향이 매력적이다. 산토리는 은근한 레몬 향이, 기린은 섬세한 허브 향이 느껴진다. 둘 다 아사히보다 무겁지만, 진중한 멋이 있다. 삿포로는 깔끔한 목 넘김이 아사히와 비슷하지만, 홉 향이 살짝 녹아있다.

다양한 라거에 도전했다면 이제 나의 취향을 반영할 차례다. 취향에 따라 손에 잡히는 맥주가 달라진다. 쓴맛을 좋아하면 필스너 우르켈, 홉 향을 좋다면 산토리와 기린, 깔끔함을 선호한다면 크롬바커와 아사히, 부드러운 목 넘김을 좋아한다면 파울라너 헬레스, 부데요비체 부드바르, 칼스버그를 선택해보자. 어느덧 맥주를 들고 황금빛 은하수를 건너고 있는 자신을 발견할 수 있을 것이다.

수도원 맥주 비밀 들춰내기

황금빛 은하수에 도전했다면 이제 우주로 항해할 차례. 벨기에는 아름답고 다채로운 맥주를 경험할 수 있는 나라다. 처음부터 모든 벨기에 맥주를 섭렵하는 것은 무리다. 스타일의 폭과 범위가 넓을 뿐만 아니라 금전적인 부담도 크다. 묘수는 있다. 이 안내서에서만 알려드리는 비밀이니 집중!

수도원에서 탄생한 맥주에 비밀의 열쇠가 있다. 두벨, 트리펠, 쿼드루펠은 수도원에 뿌리를 둔 벨기에 맥주들이다. 알코올 도수, 색깔, 향, 바디감 모두 다르다. 그런데 반전이 있다. 효모의 기원이 같다. DNA가 동일하다는 뜻. 효모가 태어난 곳은 어디일까? 벨기에 플랑드르에 있는 작은 수도원, 베스트말레다.

세 맥주는 자연스럽게 효모에서 나오는 엇비슷한 수지, 후추, 페놀 향을 갖고 있다. 두벨과 트리펠을 먼저 비교해 보자. 7% 알코올과 어두운색을 가진 베스트말레 두벨은 녹진한 감초와 초콜릿 향이 매력이다. 반면 8.4% 알코올에 밝은 황금색을 입은 카르멜리엇 트리펠은 향긋한 서양 배와 후추 향이 특징이다. 외관으로 봤을 때 전혀 달라 보이는 두 맥주는 흥미롭게도 미묘한 수지와 페놀 향을 공유한다.

10%라는 높은 알코올을 품은 짙은 고동색 에일, 쿼드루펠은 어떨까? 블랙베리와 건자두 향이 매력적인 라 트라페 쿼드루펠은 얼핏 보면 두벨, 트리펠과 교집합이 없다. 색은 어둡고 단맛도 훨씬 진하다. 정말 공통점이 없을까? 맥주를 마시다 코끝을 스치는 수지와 페놀 향을 감지했다면 그렇다. 같은 뿌리를 공유하는 세 가지의 숨결을 찾아낸 셈이다.

　세 맥주는 알코올 도수, 색깔, 향미가 다르지만 동시에 동일한 효모 향을 품고 있다. 이걸 경험하는 것이 이번 여행의 즐거움이다. 벨기에에는 두벨, 트리펠, 쿼드루펠 외에 재미있는 맥주들이 많다. 람빅, 플랜더스 레드 에일, 세종 같은 맥주들은 취향을 명징하게 드러내는 지표가 된다. 하나씩 천천히 음미하며 작은 도전을 시도해보자. 혹시 아는가. 나의 취향이 벨기에에 있다고 유레카를 외칠지.

나를 이해하는 한 해가 될 수 있기를

　새해가 되면 많은 사람들이 독서나 다이어트부터 세계여행까지 거창한 계획으로 플래너를 채운다. 목표 실천과 달성 여부는 '나를 아는 것'에서 출발한다. 내가 누구인지 이해해야만 무엇이 부족하고 필요한지 깨달을 수 있다.

취향은 나를 아는 첫걸음이다. 취향을 알아간다는 것은 나를 객관적으로 바라보고 품어주는 과정이다. 나를 직시하는 힘이 목표를 향해 움직이는 동력이 된다. 그 길에 맥주가 초석이 되었으면 좋겠다. 맥주 속에 숨어있는 향미를 통해 좋고 싫음을 마주하는 경험이 도움이 될 것이다.

그 여정에서 취향이 같은 누군가를 만나는 일은 인생을 풍성하게 만든다. 같은 K팝 스타를 좋아하는 팬들이 응원 봉을 들고 사회의 올바름을 실천하기 위해 나오는 것처럼 취향은 연대의 출발점이다. 그리고 그 연대가 서로 다른 우리를 떠받치고 나아가게 하는 힘이 된다. 모두가 축배 속에서 행복한 일상을 누릴 수 있는 한 해가 되기를. 지화자!

낭만 터지는 브로맨스 맥주

술의 미학은 쾌락이었다. 오랫동안 인류는 술에 기대어 사랑을 나누고 슬픔을 잊었다. 술은 뮤즈가 되어 선율을 연주했고 미네르바의 올빼미로 날아와 문학이 되었다. 하지만 과도하면 케레스로 변해 질병의 괴로움을 선사했고 타나토스로 다가와 죽음을 선물했다.

두 얼굴을 가진 술은 야누스다. 누구는 선물이라 하고 다른 이는 고통이라 한다. 술에 부과하는 세금도 죄악에 대한 대가다. 사회는 술을 마시는 사람에게 세금을 걷어 건강과 보건 정책에 사용한다. 환영받지 못하지만 사라질 수 없는 존재. 술이 사회에 직접적으로 기여하는 바가 있냐고 물으신다면, 솔직히 대답하기 힘들다.

그렇지만 세상에는 상식을 뛰어넘는 존재도 있기 마련이다. 인간의 생이 모두 다르듯, 술의 생도 동일하지 않다. 술도 결국 사람을 따르기 마련이다. 오로지 돈만 좇는 술도 있고 존재가 중요한 술도 있다. 허나 오로지 공익적 가치와 선한 영향력을 목적으로 태어난 술은 찾기 힘들다. 딱 하나, 트라피스트 맥주를 제외하고.

트라피스트 맥주Trappist beer, 이 맥주는 단지 알코올이 담긴 한 병의 술을 넘어 수도사의 정성과 기도가 담긴 맥주다. 어쩌면 사회에 좋은 가치를 전하고 더 좋은 세계를 꿈꾸는, 유일한 맥주일 수도 있다.

엄격하게 실천하기

트라피스트 맥주는 트라피스트 수도원에서 만드는 맥주를 뜻한다. 수도원 맥주가 트라피스트만 있는 건 아니다. 독일에도 수도원 맥주가 여럿 있다. 특히 가톨릭 신자가 많은 독일 바이에른에는 벨텐부르거, 안덱스, 샤이에른 같이 맛있는 수도원 맥주가 존재한다. 그럼에도 우리가 수도원 맥주를 이야기할 때 트라피스트 맥주를 꼭 빼놓지 않는 이유가 무엇일까?

트라피스트 맥주가 다른 수도원 맥주와 구별되는 점은 탄생할 때부터 변하지 않는 근원적 정신에 있다. 트라피스트 수도회을 엄률 시토회라고 한다. 엄격한 규율을 따르는 시토회라는 뜻이다.

트라피스트 수도회가 엄격하게 지키려는 것은 '성 베네딕도 규칙서'이다. 6세기 베네딕도 성인이 집대성한 이 규칙서는 수도사라면 마땅히 따라야할 규율을 정리하고 있는 문서다.

규칙서를 완성한 베네딕도는 529년 이태리 몬테카시노 수도원을 세우고 수도사의 삶을 설파했다. 점차 베네딕도의 말씀을 따르는 수도사들이 모였고 최초의 베네딕도회가 탄생했다. 규칙서의 핵심은 '오라 엣 라보라', 일하고 기도하라는 말씀이었다. 세상과 단절된 채, 자급자족을 하며 성경을 따르는 삶을 살라는 것이 가장 중요한 가치였다.

그렇지만 시간이 지나며 베네딕도회는 조금씩 현실과 타협하기 시작했다. 검소하고 단출해야 했지만 부유하고 세속화되어 버렸다. 1098년 세속에 물든 베네딕도회를 비판하며 나온 곳이 시토회다.

프랑스 시토의 수도원장, 성 로베르는 '성 베네딕도 규칙서'에 충실한 수도사의 삶으로 회귀를 외치며 청빈, 검소, 노동을 강조했다. 세속과 떨어지기 위해 외곽에 수도원을 건립했고 물질적 유혹에서 멀어지려 노력했다.

시토회는 12세기까지 크게 번성했다. 수도원의 수는 340개까지 늘었다. 자율성이 강했던 베네딕도회와 달리 중앙집권적 구조를 통해 통일적인 규율을 확립했다. 그러나 세월이 흐르며 초기 시 토회가 강조했던 규율도 유연해졌다. 규율의 엄격한 적용보다 단순 적용에 무게를 두었다.

17세기 베네딕토 정신에 따라 더욱 엄격하게 규칙을 실천해야 한다는 주장이 시토회 내에서 나왔다. 프랑스 라 트라페 수도원장 아르망 장 드 랑세는 해이해진 시토회를 비판하며 더 근본으로 돌아가야 한다고 주창했다. 이렇게 분리된 수도회가 엄률 시토회, 트라피스트다.

트라피스트회는 '성 베네딕도 규칙서'에 따라 일반 사람의 출입이 제한되는 봉쇄 수도원으로 운영된다. 고립된 장소에 수도원을 건립하고 세상과 완전히 단절된 채 '일하고 기도하라'는 말씀을 따르고 있다. 베네딕도 성인이 그랬듯, 철저한 침묵을 강조하고 육류 섭취를 자제한다.

모든 수도사는 자급자족을 위해 주어진 노동을 시행한다. 일하지 않으면 먹을 수도 없다. 수도원에서 생산하는 치즈, 와인, 맥주는 수행하는 이들을 위한 작은 노동의 대가일 뿐이다. 하지만 트라피스트 상품들이 단순히 자급자족을 위한 도구였다면 한정판 위스키나 와인처럼 구하기 힘든 맥주 정도에 머물렀을지도 모른다.

트라피스트 맥주는 태생적으로 숭고한 정신을 품고 있다. 수도원 운영을 넘어 사회와 공동체의 가치에 이바지하는 것, 이 부분이 일반적인 맥주와 다른 지점을 만든다.

진짜 수도원 맥주

1960년 밸텀이라는 상업 양조장이 트라피스트 이름으로 맥주를 출시했다. 트라피스트 맥주가 갖고 있는 숭고함을 상업적으로 이용하려고 했던 것이다. '트라피스트'라는 이름은 프리미엄을 의미했다.

트라피스트 수도회는 자신들의 가치가 돈벌이에 이용되는 것을 두고 보지 않았다. 벨기에 오르발 수도원이 즉각 소송을 제기했고 법원은 트라피스트 수도원에서 생산된 맥주에만 '트라피스트 맥주'라는 이름을 허가했다. 단, 수도원 맥주 레시피로 상업 양조장에서 만드는 맥주는 '애비 비어'Abbey beer로 구분해 분쟁의 여지를 없앴다.

상표권 보호를 절감한 트라피스트 수도회는 1997년 국제 트라피스트 협회International Trappist Association를 조직한 후, 세 가지 규정을 충족해야지만 진짜 트라피스트 상품임을 인증하는 육각형 ATP Authentic Trappist Product 라벨을 붙이도록 했다.

규칙은 다음과 같다. 모든 제품은 수도원 내에서 생산될 것, 모든 제품은 수도사의 관리 감독을 받을 것, 수익은 수도원 운영과 지역 공동체 발전에 사용할 것.

사회적 가치와 공익을 추구하는 상품에만 '트라피스트' 이름이 허락되었다. ITA는 수도원이 이 규정을 따르고 있는지 주기적으로 관리하고 그렇지 않을 경우 라벨을 박탈했다. ATP 라벨은 트라피스트의 진정성을 나타내는 표식이 됐다. 사람들은 육각형 라벨을 통해 트라피스트 정신을 공감하고 소비했다.

ATP 라벨을 받은 트라피스트 맥주들은 어떻게 사회공동체에 공헌을 하고 있을까? 시메이 트라피스트 에일로 알려진 스크루몽 수도원은 1996년 자선활동과 수도원 운영을 분리하기 위해 시메이 와르투아스 재단을 설립하고 자신들이 생산하는 트라피스트 상품들의 사업 지분을 이관했다. 이를 바탕으로 재단은 지역 빈곤층과 취약계층을 위해 다양한 자선활동을 펼치고 있다.

외부 유통을 하지 않는 것으로 유명한 베스트블레테렌 맥주를 생산하는 성 식스투스 수도원도 활발한 자선 사업을 펼치고 있다. 베스트블레테렌은 방문을 해야지만 맥주를 마실 수 있기 때문에 구하기 힘들고 가격도 높다. 수도원이 이런 정책을 고수하는 건, 수익 추구 유혹에 빠지지 않고 지역사회에 환원을 하기 위해서다.

트라피스트 에일 중 야생 효모를 넣어 전통적인 방식을 따르지 않는 오르발 수도원은 수익금을 문화유산을 위해 사용한다. 이렇게 보존된 유산은 관광을 활성화하고 고용을 창출해 지역사회에 도움으로 돌아간다.

스크루몽, 성 식스투스 수도원을 방문했을 때, 맥주가 사회에 도움을 주는 모습을 직접 확인할 수 있었다. 무엇보다 와닿은 건, 지역 경제 활성화였다. 차로 쉽게 올 수 없는 위치에 있음에도 평일 식사와 맥주를 먹으러 온 사람들로 레스토랑과 상점은 꽉 차 있었다.

오르발 수도원에서는 수백 년 전 유적이 간직한 아름다움에 푹 빠졌던 기억이 난다. 맥주가 문화를 보존하고, 문화가 지역을 살리는 선순환, 트라피스트 맥주에서만 찾을 수 있는 독특한 가치다.

위기의 트라피스트 맥주

2020년까지만 해도 ATP 맥주를 생산하는 수도원은 12곳에 달했다. 벨기에 트라피스트 맥주의 대부, 베스트말레를 필두로 오르발, 베스트블레테렌, 시메이, 로슈포르, 아헬 6곳과 네덜란드 라 트라페와 준데르트 그리고 영국 틴트 메도우, 미국 스펜서, 이탈리아 트레 폰타네, 오스트리아 엥겔스젤이 트라피스트 맥주로 인정받았다.

하지만 2021년부터 불안의 조짐이 나타났다. 벨기에 아헬과 미국 스펜서가 맥주 생산을 중단하겠다고 발표했다. 아헬은 수도사 부족으로 수도원을 폐쇄했고, 스펜서는 재정 문제가 원인이었다. 그나마 아헬은 베스트말레의 도움으로 2023년까지 맥주가 나오다가 상업 양조장에 인수되어 애비 비어로 명맥을 유지하고 있다.

2023년에는 오스트리아의 유일한 트라피스트 수도원, 엥겔스젤이 문을 닫았다. 마지막까지 남아있던 4명의 수도사는 인원 부족으로 수도원 운영이 힘들다는 판단 아래 폐쇄를 결정했다. 그레고리우스, 벤노 같은 아름다운 트라피스트 맥주도 자연스럽게 세상을 떠났다.

맥주만 위기를 겪는 것은 아니다. 다른 제품들도 모습을 감추고 있다. 현재 ATP 인증 제품이 나오는 수도원은 13곳에 불과하다. 트라피스트 수도원이 줄어드는 이유는 수도사의 수가 줄어들고 있기 때문이다. 세상과 단절되어 엄격한 규율을 따르는 트라피스트회는 그 정도가 더 심하다. 마치 승려처럼 속세와 인연을 끊어야 하는데, 현대 유럽인들에게 결코 쉽지 않은 선택이리라.

네덜란드에 있는 코닝쇼벤 수도원에 갔을 때, 트라피스트 수도원이 직면한 현실을 들을 수 있었다. 코닝쇼벤은 라 트라페 트라피스트 에일의 고향이다. 수도원과 양조장 투어를 해 준 마케팅 디렉터, 디터 라우워스는 한때 백 명이 넘었던 수도사가 이제 겨우 20명 정도라고 털어놨다. 수도원 운영도 쉽지 않아 요즘은 아프리카와 남미 출신 수도사들이 들어온다며 담담히 이야기했다. 그나마 코닝쇼벤 수도원은 형편이 괜찮은 편이라고 웃음 지었다.

양조장으로 가던 중 우연히 수도사를 볼 수 있었다. 흑인이었다. 디터는 르완다 출신이라고 귀띔했다. 말이라도 걸 수 있으면 이 것저것 궁금한 것을 물어볼 수 있을 텐데, 속세를 떠난 수도사인지라 사진은 고사하고 인사조차 할 수 없었다.

하지만 디터는 오히려 이를 극복하기 위해 수도원이 지역 속으로 들어오고 있다며 꼭 부정적으로만 볼 수 없다고 말했다. 지역주민들이 수도원 문화를 지키기 위해 노력하고 있다는 것이었다. 고용된 지역민들과 자원봉사원들이 건물의 일상적인 관리부터 맥주 양조와 판매까지 많은 부분에서 함께하고 있었다. 벨기에 사람인 디터도 양조 학교를 졸업한 후 이곳에 취직한 케이스였다.

양조장을 둘러보니 수도사가 양조에 직접 관여할 수 없는 이유도 알 수 있었다. 양조장은 생각보다 거대했고 시설 또한 현대화되어 있었다. 전문 지식과 기술을 갖춘 전문 양조사가 필요할 듯했다. 수도사는 맥주가 트라피스트 정신에서 벗어나지 않도록 관리 감독하면 될 일이었다.

코닝쇼벤 수도원은 다른 수도원보다 적극적으로 현실과의 조화를 꾀하고 있었다. 지역민을 고용해 맥주를 생산하고 운영을 이어가는 것 외에 수도원 마켓에서 빵, 치즈, 맥주, 옷을 비롯한 다양한 제품을 저렴하게 구매할 수 있는 시스템을 만들었다.

보다 많은 사람들이 지역 재료로 만든 요리와 수도원 맥주를 합리적 가격에 즐길 수 있도록 레스토랑도 활발하게 운영하고 있었다. 언제라도 피크닉을 즐길 수 있도록 잔디도 개방했다. 평일 점심임에도 불구하고 레스토랑은 사람들로 붐볐다.

코닝쇼벤 레스토랑은 수도원과 지역의 유기적 관계를 확인할 수 있는 공간이었다. 마호가니 색 라 트라페 쿼드루펠이 그날따라 영롱해 보였다. 맛은 말로 표현할 수 없을 정도였고.

맥주에 낭만 한 스푼

2024년 라 트라페는 첫 맥주 출시 140주년을 기념하는 맥주를 세상에 내놓았다. 쓰리 룰즈 Three rules, 트라피스트 맥주를 정의하는 세 가지 규칙에서 이름을 가져왔다. 진정한 트라피스트 맥주가 아니라면 흉내 낼 수도, 따라할 수도 없는 이름이었다.

이 맥주가 특별하게 다가온 건, 영국 틴트 메도우와 네덜란드 준데르트가 양조에 참여했기 때문이다. 수익을 추구하지 않고 지역색과 개성이 뚜렷한 트라피스트 맥주에서 협업은 극히 드문 사례다.

이전까지 트라피스트 수도원들끼리 협업한 맥주는 이태리 트레 폰타네가 2019년과 2021년 진행했던 '시네르지아'가 유일하다. 트레 폰타네는 수도원 연대 활동 강화와 자선 사업에 필요한 자본 확충 그리고 새로운 양조 경험을 목적으로 협업을 했다.

2020년 출시된 시네르지아 19는 지금은 사라진 미국 스펜서와 협업으로 나온 벨지안 IPA였다. 벨지안 IPA는 벨기에 효모 향과 미국 홉 향이 어우러진 맥주로 크래프트 맥주에서나 볼 수 있는 스타일이다. 물론 트라피스트 맥주가 전통적인 스타일에 국한되지는 않지만 ATP 라벨이 붙은 벨지안 IPA는 좀처럼 예상하기 힘든 경우였다. 아마 미국에서 크래프트 맥주 영향을 받은 스펜서 수도원의 영향 때문일 것이다. 더 이상 스펜서 트라피스트 맥주를 마시지 못한다는 사실이 아쉬울 수밖에.

시네르지아 21은 트레 폰타네, 로슈포르, 베스트말레의 협업으로 탄생한 맥주다. 7.5% 알코올을 품은 어두운색 벨기에 에일, 두벨로 출시됐다. 두벨은 20세기 초 베스트말레 수도원에서 양조된 이래 벨기에 맥주의 근간이 된 스타일이다. 맥아에서 올라오는 감초, 초콜릿, 견과류 향 그리고 맥주 전체를 조용히 감싸고 있는 옅은 페놀 향이 전 세계 사람들을 매료시켰다.

매우 드물지만 트라피스트 수도원과 상업 양조장의 협업으로 나온 맥주도 있다. 라 트라페와 미국 브룬스윅 비어웍스, 이 어색하고 생경한 조합은 트라피스트와 크래프트가 만난 첫 번째 사례로 주목받았다. 맥주 이름 또한 거룩했다. '오라 엣 라보라'[Ora et Labora], 기도하고 일하라.

7.5% 알코올을 가진 도펠복, '오라 엣 라보라'는 유럽과 미국 홉이 첨가됐고 병 내 2차 발효를 통해 탄산화와 숙성을 진행했다. 전통적인 도펠복의 문법을 비틀어 전통과 실험을 적절하게 버무린 작품이었다.

트라피스트 맥주가 협업을 한다는 건, 수익 이외의 공익 목적이 있다는 뜻. 이 맥주는 우간다 병원을 건립하기 위해 만들어졌다. 라 트라페 수출 책임자 안토니오 반 헤케는 에이즈로 고통받는 아프리카에 도움과 관심이 필요하다며, 이번 프로젝트가 많은 사람들에게 희망과 용기를 줄 거라고 말했다.

'기도하고 일하라', 트라피스트 정신이 담긴 이름을 아무 맥주에나 붙일 수 있는 게 아니다.

선한 영향력을 품은 유일한 맥주

지금까지 트라피스트 협업 맥주가 베일에 싸인 채 비밀리에 진행됐다면, 쓰리 룰즈는 다르다. 공식 홈페이지를 열고 맥주가 세상에 나온 이유를 적극적으로 밝히고 있다. 그것도 세 명의 수도원장을 앞세워서.

홈페이지에 들어가면 세 명의 수도원장이 전면을 장식하며 모습을 드러낸다. 순간 살짝 찡했다. 자신을 숨긴 채 살아가는 트라피스트 수도사들이 얼굴을 드러낸 이유가 무엇일까. 로슈로프와 라 트라페에서 우연히 마주친 수도사 사진을 찍는 것도 불허했던 트라피스트 아닌가.

마치 성배를 들고 있는 듯 두 손으로 병을 받치고 있는 틴트 메도우 수도원장 조셉 옆으로 라 트라페 수도원장 이삭과 준데르트 수도원장 귀도는 누구보다 온화한 표정을 짓고 있었다. 흰색 튜닉 위에 검은색 스카풀라를 걸친 세 수도사의 눈빛에서 라 트라페 140주년 맥주를 향한 강한 형제애가 느껴졌다. 사라져가는 트라피스트 맥주를 지키는 수호자의 굳은 의지와 진심 또한 묻어났다.

얼마 전 웹상에서만 보던 쓰리 룰즈를 최근 한국에서 만날 수 있었다. 맥주를 직접 보니 경건한 마음이 절로 생겼다. 스테인드글

라스를 투과한 빛줄기처럼 쓰리 룰즈는 우아한 자태를 뽐냈다. 육각형 ATP 라벨을 가운데 두고 금색으로 버무린 수도원의 상징들이 병을 가득 채우고 있었다. 홉에 둘러싸인 세 개의 규칙과 수도원 로고는 진짜 트라피스트 맥주 정신이 무엇인지 말없이 드러내고 있었다.

쓰리 룰즈는 두벨이다. 짙은 갈색을 두르고 7.4% 알코올로 무장한 쓰리 룰즈의 첫 향은 우아한 감초와 캐러멜이었다. 은은하게 풍기는 향 뒤로 섬세한 수지 향이 물씬 밀려왔다. 적절한 쓴맛과 단맛이 만나 이루는 균형감은 완벽했다. 손의 온기로 잔의 온도를 높이면 우아한 바디감이 입안 곳곳을 물들였다.

하지만 뭔가 부족했다. 뭔가 한 방이 더 있을 텐데. 아니나 다를까, 쓰리 룰즈의 수익금은 네덜란드 환경단체 'Trees For All'이 14,000 그루의 나무를 심는 데 기부되고 있었다. 140년 된 트라피스트 맥주의 가치 수호와 미래 세대를 위한 환경보호를 위해 뭉친 수도원 맥주라니. 지금 사회에 이보다 더 낭만적인 맥주가 있을까? 트라피스트 맥주는 유일하게 존재만으로 사회에 선한 영향력을 끼치는 맥주다.

브로맨스, 공익 그리고 가치를 아는 소비자의 삼위일체. 비자본적 목적과 공동체적 가치를 품은 이런 맥주에는 진정성 있는 소비가 있어야 삼위일체가 완성된다. 맥주의 존재 이유를 이해하는 소비자가 있어야만 트라피스트 맥주도 생명력을 얻는다.

　잠시 힘들겠지만, 트라피스트 맥주에 힘내라는 말을 전한다. 존재 자체가 사회에 도움이 되는 술이 남아있기를. 선반에서 트라피스트 맥주를 꺼낼 때마다, 속으로 읊조린다. 오라 엣 라보라.

맥주는 세상을 바꿀 것이다.

나는 맥주가 품고 있는 선한 영향력을 믿는다.

물론 어떻게 바꿀지 아직 방법은 모르겠지만.

녹두거리의 전설, 링고의 꿈

"저게 다 우리 와이프랑 일일이 손으로 붙인 거예요. 그때는 대학생들이 타임지 같은 영문 잡지를 보는 게 유행이었거든. 천장에 도배해야 하는데 돈은 없고. 애들이 다 읽은 영문 잡지가 왠지 멋있어 보이더라고. 낑낑대면서 붙였던 게 엊그제 같은데 벌써 25년이 지났네요."

천장에는 오래된 잡지들이 어지럽게 붙어있었다. 규칙이나 질서는 없었지만, 오히려 더 정겨웠다. 색은 살짝 바랬지만 표면은 여전히 빤작거렸다. 또렷하게 보이는 깨알 같은 알파벳에서 수십 년 전 막 장사를 시작하는 젊은 부부의 정성과 희망이 느껴졌다.

서울 관악구 대학동 녹두거리, 이곳은 80년대 이후 서울대학교 학생들의 놀이터, 운동권의 아지트, 그리고 고시생들의 보금자리였다. 고시촌을 중심으로 생긴 식당, 술집, 다방, 하숙집들은 지갑이 가벼운 학생과 고시생들로 항상 북적였다. 녹두거리라는 이름도 구 289번 종점에 있었던 빈대떡과 막걸리를 팔던 녹두집에서 유래했다.

카페에서 시작된 공간, 펍으로 변신하다

1998년 이상태 대표가 차린 링고는 당시 신림동에서 찾아볼 수 없는 수입 맥주를 파는 펍이었다. 도림천을 마주한 건물 지하에 있는 맥줏집은 고시촌의 정서와는 낯설고 이질적인 공간이었다 막걸리와 소주가 주인인 동네에 외국물 먹은 맥주가 들어오다니, 젊은이들이 많은 대학 근처였지만 문화 충격이 적지 않았다.

"항의하는 학생들도 있었지요. 아무래도 녹두거리는 운동권 문화도 남아있었고, IMF를 막 벗어났을 때라 이해하기 힘들었을 거야. 당시만 해도 생맥주 한 잔에 1,500원 할 때였는데, 우리가 파는 맥주는 한 잔에 5,000원 정도 했으니까. 강남이나 종로 같은 곳은 수입 맥주나 양주가 흔했지만, 이곳 고시촌에서는 파는 곳도 마시는 사람도 별로 없었어요."

50대 중반, 희끗한 머리에 인자하고 멋진 미소를 짓는 이 대표는 옛이야기라고 덧붙였다. 경상도 사투리에 느릿한 말투였지만 오랜 연륜에서 나오는 여유가 묻어있었다. 왜 어울리지도 않는 대학동 고시촌에 웨스턴 펍을 차린 것일까? 대학가라면 신촌이나 혜화동이 더 좋지 않았을까?

"원래 카페였어요. 90년대 후반에 민들레 영토 같은 카페가 유행했어요. 커피나 음식 시키고 스터디나 토론을 할 수 있는 장소였죠. 녹두거리보다 월세가 저렴한 건물 지하에 지금으로 치면 스터디 카페를 시작했는데, IMF 때문에 잘 안 됐어요. 1년 동안 월세도 못 냈다니까. 착잡한 마음에 다음 아이템이 뭘까 고민하던 중에 이상한 걸 만나게 된 거지."

새로운 아이템을 찾고 있던 이 대표가 본 것은 종로에 있던 웨스턴 바, 산타페였다. 종각역 근처 지하에 있던 산타페는 직장인들이 록 음악과 병맥주를 즐기던 공간이었다. 이 대표는 머리를 한 대 세게 맞은 듯한 충격을 받았다. 그리고 홀린 듯 신림동에 웨스턴 펍을 시작하기로 결심했다.

"이런 문화가 있었구나! 하고 놀랐죠. 한편으로 완전 색다른 것을 해 보자는 마음이 들더군요. 수중에 돈이 없었어요. 인테리어는 다 와이프랑 직접 했죠. 테이블과 의자도 최대한 저렴하게 구해와 손을 봤고 천장도 학생들이 보던 타임지를 붙였어요. 맥주도 잘 몰랐어요. 촌에서 올라와서 신림동에 있던 내가 무슨 맥주를 알겠어요. 지금이야 호가든, 버드와이저 같은 맥주가 흔하지만, 그때는 뭐 마셔본 적도 없었지."

다행히 맥주를 공급해 주는 주류 도매사가 도움의 손길을 건넸다. 생맥주 장비는 물론 맥주도 선뜻 지원해줬다. 맥주 스타일이라는 개념도 없던 시절, 이상태 대표는 매일 맥주를 시음하며 고객에게 가장 신선하고 맛있는 맥주를 서빙하기 위해 무엇이 필요한지 고민했다. 그가 내놓은 답은 온도와 탄산이었다. 같은 맥주였지만 서빙 온도와 탄산이 적절하지 않으면 맛이 없었다.

"그때 깨달았죠. 맥주 관리가 정말로 중요하구나. 그런데 어디 물어볼 사람이 없는 거야. 책도 없고. 할 수 없이 모든 것을 몸으로 때울 수밖에 없었어요. 탄산가스를 직접 먹어보기도 했고 맥주에 따라 탄산과 온도를 매번 바꾸면서 손님에게 시음도 부탁했죠. 맥주에 따라 탄산 압력도 달리하고 완벽한 온도를 맞추니 반응이 오더라고요."

링고를 시작할 때 있었던 부정적인 반응도 조금씩 사라졌다. 서울대 근처에 맛있는 수입 맥주를 판매하는 곳이 있다는 소문이 퍼지면서 사업도 안정되기 시작했다. 아르바이트했던 서울대생들도 큰 역할을 했다. 입소문을 통해 링고의 존재를 알렸다. 두려움을 넘어 파격적인 도전을 한 결과는 달콤했다.

"그 녀석들은 지금도 만나요. 지금은 다 좋은 직장에 다니고 있지. 일 년에 한 번씩 링고데이 때 가족들 손잡고 와요. 아, 링고는 '알 수 없는' '애매모호한'이라는 뜻이에요. 당시 내 미래와 마음을 말해주는 단어였지. 내가 워낙 비틀스의 링고 스타를 좋아하기도 해서 겸사겸사 정했어요."

녹두거리 끝자락에 있는 링고는 살아남았다. 이유는 다름 아닌 맥주 맛이었다. 가격이 비쌌지만, 신선한 맥주에 고객들은 수긍했다. 맥주 관리뿐만 아니라 따르는 데도 심혈을 기울였다. 이 대표는 '빌드'라는 표현을 썼다. 맥주 서빙 방식(빌드)을 스타일에 맞게 조정하면 향미가 완전히 바뀐다는 것이었다.

"예를 들어 바이스비어와 벨지안 골든 스트롱 에일을 비교해 보죠. 둘 다 탄산을 많이 갖고 있는 맥주입니다. 하지만 빌드는 달라야 해요. 밀 맥주 바이스비어는 풍성한 탄산을 즐기는 맥주입니다. 45도로 따라서 용존 탄산을 보존해야 탄산과 거품 속에 있는 바나나 향을 온전히 느낄 수 있어요.

반대로 벨지안 골든 스트롱 에일은 90도로 맥주를 따르면서 용존 탄산을 빼내야 합니다. 그리고 잔 위로 솟아 있는 거품을 깔끔하게 없애야 하죠. 탄산이 벨기에 효모가 주는 향을 방해하지 않게 해야 하거든요. 온도와 탄산이 바탕이라면 빌드는 건축을 하는 거예요. 그래야 맥주라는 아름다운 건물이 탄생하는 겁니다.

손님들이 이 차이 모를 것 같죠? 기가 막히게 알아봅니다. 한 잔을 마셔도 좋은 맥주를 즐길 수 있다면 가격이 조금 비싸도 인정하는 거지. 맥주 펍을 하는 사람들이 맥주 전문가가 되어야 하는 이유예요."

희미해지는 녹두거리

사법고시가 폐지되고 고시제도가 변화하자 녹두거리 고시촌도 퇴색하기 시작했다. 지방 출신 서울대생도 줄어들면서 상권의 중심은 교통이 편리한 서울대입구역으로 옮겨졌다. 가로수길과 서울대 '샤'를 합친 '샤로수길'은 관악구의 명물로 떠올랐다.

작고 젊은 카페와 음식점이 들어서며 빌라촌 골목은 사람들로 북적였다. 2014년 이상태 대표는 샤로수길에 1호점의 노하우를 녹여낸 링고 2호점을 오픈했다. 비교적 샤로수길 외곽에, 그것도 건물 2층에 있었지만, 사람들은 링고의 맥주를 믿고 찾아왔다.

"변화가 필요한 시기였고, 1호점에서 부족했던 부분을 보완한 매장을 하고 싶었어요. 2014년만 해도 지금처럼 가게가 많지 않았지. 2호점을 열면서 가장 신경 쓴 부분은 탄산이었어요. 맥주에 따라 탄산을 다르게 하고 싶었거든. 여기 보면 이게 탄산이고 이게 질소예요. 100% 탄산을 사용하는 맥주도 있고, 30%는 질소, 70%는 탄산을 쓰는 맥주도 있어요. 이 비율을 맥주에 맞게 조정하는 시스템을 구축했죠. 1호점에서 정말 하고 싶었는데, 할 수 없던 부분이었어요."

질소가 첨가된 필스너 우르켈은 부드럽고 우아했다. 쓴맛은 은은했고 홉 향은 매끈했다. 혀 뒤로 넘어가는 필스너 우르켈은 내가 알던 맥주와 달랐다. 곧이어 투명한 앰버색 런던 프라이드가 나왔다. 낮은 탄산으로 조절된 런던 프라이드는 영국 냄새가 물씬 났다. 분명 다른 펍에서는 느낄 수 없는 매력을 담고 있었다. 문득 링고라는 펍이 이 대표에게는 어떤 의미일지 궁금했다.

"27년입니다. 27년. 제 인생의 반을 링고와 함께했어요. 펍이 27년을 살아남다니 한국에서 드문 일이죠. 이제 삶, 인생, 그 자체인 것 같아요. 링고와 맥주라는 매개체로 수많은 인연을 만나고 희로애락을 느꼈습니다. 링고 1호점은 상권도 안 좋아졌고 시설도 낡았지만 소중한 공간이고 추억의 장소이기도 하죠."

음식점은 27년이 되면 노포라 불리고 유산으로 등록되기도 한다. 링고도 마땅히 그럴 자격이 있지 않을까? 이 대표는 링고 1호점은 이미 오래전부터 적자 운영이라고 고백했다. 수익을 생각하면 벌써 문을 닫아야했다. 코로나 때 여러 차례 위기가 있었지만, 링고 1호점의 불은 아직 꺼지지 않았다.

"와이프와 나도 그렇지만, 손님들이 학창 시절 추억이 가장 많이 남아있는 곳이라고 이야기해요. 친구, 연인, 때론 부부 그리고 부모님들과 좋은 추억이 있는 장소라고. 그래서 인테리어도 못 바꾸고 있어요. 지금 이대로 바뀌지 않는 모습으로 오래 기억되기를 바라는 거죠."

녹두거리의 전설이 멈추지 않기를

여전히 앞치마를 두르고 손님을 받는 이상태 대표는 장인의 모습이었다. 새로운 맥주가 들어오면 테이스팅 하고 최고의 상태로 서빙하는 방법을 고민하는 데 많은 시간을 들이고 있었다. 27년 동안 링고를 운영하는 그에게 펍은 어떤 의미일까?

"예전에는 펍이 맥주를 마시는 공간이었어요. 술집이나 주점이었죠. 그런데 지금은 즐기는 공간이 됐어요. 이국적이고 자유로운 분위기 속에서 취향과 입맛에 맞는 맥주 한 잔으로 기분도 내고 소소한 행복을 느낄 수 있는, 하루의 일과를 마무리할 수 있는 공간이 된 거죠. '마신다'가 일차원적인 행위라면 '즐긴다'는 복합적이고 감성적인 목적이 있어요. 많이 마시고 취하는 것보다 문화를 즐기고 스트레스를 푸는 곳이어야 한다고 생각해요. 고객에게 즐거움과 만족을 주기 위해 펍은 더 전문적이고 체계적인 관리 시스템을 구축해야 합니다. 그러면 한국에서 펍은 미래가 있다고 봐요."

이 대표는 링고에 아직 채우지 못한 두 가지 꿈이 있다고 말했다. 하나는 우리나라의 표준이 될 수 있는 맥주 관리 시스템을 구축한 대표적인 매장이 되는 것. 또 하나는 인생을 바친 고시촌에 링고 맥주를 생산할 수 있는 브루펍을 세우는 것이라고 했다. 직접 양조한 링고 맥주를 사람들과 나눌 수 있다면 그보다 더 완벽한 결말은 없을 것이라 말하는 그의 얼굴 위에는 웃음꽃이 피고 있었다.

찬찬히 링고의 구석구석을 둘러봤다. 불안한 미래를 맥주에 맡긴 젊은이의 모습을 기억하는 27살 된 테이블과 의자는 지금까지 잘해왔다고, 자랑스럽다고 말하는 듯했다. 이상태 대표의 꿈이 링고와 함께 이어지기를 바란다. 녹두거리에서 링고 스타의 음악이 멈추지 않기를.

PART 4
반항아들의 합창

바보야, 문제는 맥주가 아니야

양조사라는 직업은 내 인생에 들어있지 않았다. 꼼꼼한 성격도 아닌 데다 무얼 만지고 조립하는 일에 흥미가 없었다. 반백 년을 살다보면 자신을 인정하고 받아들이는 순간이 있다. 대학교에서 농촌봉사 동아리를 해 보고 중소기업을 다니며 현장 일을 경험하면서 깨달았다. 애당초 나는 몸 쓰는 일이 적성에 맞지 않는구나. 하지만 어찌 인생이 원하는 대로만 흘러가랴. 정동에 있는 독립맥주공장에서 양조를 업으로 한 지도 벌써 5년이 지났다.

펍도 운영해보고 강사, 심사위원 등 여러 맥주 관련 직업을 갖고 있었지만, 유일하게 발을 들여놓지 않은 영역이 양조사였다. 이유는 단 하나, 잘할 자신이 없었다. 독립맥주공장 대표가 되었을 때, 코로나 여파로 양조사를 채용할 돈이 부족했다.

역시, 절박하면 무엇이든 하게 되는 법이다. 먹고 살기 위해 어쩔 수 없이 양조장에 들어가야 했다. 불안한 마음에 여기저기 물어보고 조언도 구했지만 결국 장비 앞에 서 있는 사람은 나였다. 누구는 상업 양조사가 되기 위해 젊음까지 바치건만, 나는 막막한 심정에 한숨만 쉬고 있었다.

막다른 길이었다. '될 대로 되라'라는 심정으로 장비 사용법을 익히고 맥아를 부었다. 쉴 새 없이 장비를 오르락내리락하며 순서를 되뇌었다. 실수로 레버를 잘못 돌릴까 봐 한시도 앉아 있지 못했다. 지금 돌아보면 조금 잘 못한다고 대단히 큰일이 나거나 그러진 않았을 텐데. 어찌어찌 처음 완성한 맥주가 손님들에게 서빙되었을 때, 그 심정이란, 책 한 권을 써도 모자란다.

그런데 희한했다. 양조가 은근히 재미있는 게 아닌가. 당황했다. '정신 차려라. 이게 재미있을 일이냐.' 말도 안 되는 실수로 장비를 고장 내고 발효조에 있는 효모가 터져 난리 난 적도 있었지만, 계속 해도 되겠다는 용기가 움터 올랐다. 여차하면 양조사를 구하려던 마음도 조금씩 수그러들고 있었다.

왜 괜찮은 거지? 진지하게 물어봤다. 앞으로 양조장뿐 아니라

맥주의 유혹

나 자신의 미래를 위해서도 중요한 질문이었다. 가까스로 마음 깊은 곳에서 몇 가지 핑계를 찾아냈다. 일단 양조장이 작아서. 한 번에 양조해야 할 맥주량이 적으니 노동 강도가 그렇게 세지 않았다. 익숙해지면 몸 쓰는 일을 싫어하는 나도 버틸 만하겠다는 생각이 들었다.

내가 만든 맥주를 좋아하는 고객들의 모습도 의외의 매력 중 하나였다. 원래 사업가들이 이 맛에 사업을 하지 않는가. 고민 끝에 나온 아이템이 사람들에게 통했을 때, 그 맛. 하지만 결정적인 이유는 따로 있었다. 맥주 양조는 상상을 현실화시키는 창조적인 작업이었다.

맥주 양조사의 철학과 가치는 다르기 마련이다. 자연스럽게 세상에 존재하는 맥주는 서로 다른 세계관을 가질 수밖에 없다. 그래서 하나의 맥주가 탄생하기까지 양조사는 맥주의 존재 이유에 대해 끊임없이 질문하곤 한다. 답이 나오면 그간 했던 고민들은 향미가 되고 이름이 되어 맥주는 출생신고를 마치고 세상에 나온다.

그런데 모든 맥주가 그런 건 아니다. 양조장에 따라 맥주의 성격과 가격이 달라진다. 오비맥주의 카스를 떠올려보자. 대량생산에서 나오는 카스는 대중의 선택을 받아야 살아남을 수 있다. '호'도 '불호'도 없는 맛과 향을 가져야 대량생산에서 오는 위험을 줄일 수 있는 것이다.

반면 독립맥주공장처럼 작은 양조장은 양조사의 철학이 중요하다. 이런 맥주는 재료비가 비싸고 양조 과정도 복잡하여 가격이 세다. 향미도 양조사의 취향을 따라간다. 호불호가 있을 수 있기에 양조사는 맥주의 존재 이유를 찾아야 한다. 이런 맥주는 열성팬이 필요하다. 누구에게도 선택받지 못하는 예쁜 쓰레기를 만들면 그 양조장은 망한다.

언제부터인가 두 맥주는 다른 이름으로 불리기 시작했다. 크래프트 맥주와 대기업 맥주. 재료야 거기서 거기고, 양조 과정도 큰 차이가 없는데, 두 맥주를 가르고 있는 강물은 무엇일까? 그리고 그 강물은 어디서부터 흘러온 것일까?

크래프트, 장인 정신이 아니야

크래프트 맥주Craft beer, 누가 이름을 지었는지도 명확하지 않다. 보통 크래프트라는 단어는 장인이나 손으로 만든 물건에 붙이곤 한다. 그러면 크래프트 맥주도 장인이나 손으로 만든 맥주일까? 당연히 아니다. 답이 이렇게 간단하면 이 글을 쓰느라 머리가 빠지지도 않았겠지.

크래프트 맥주에는 유형과 무형의 무언가가 날줄과 씨줄처럼 얽혀있다. 먼저, 사전적 정의로 크래프트라 하면 공장 방식 Manufactured 으로 대량 생산되지 않는 것을 의미한다. 규모의 정도는 다를 수 있지만 소규모 양조장에서 생산된 맥주를 크래프트 맥주라고 할 수 있다.

그러면 단순히 규모만 작다고 크래프트를 붙일 수 있느냐, 그것도 아니다. 만약 오비맥주가 작은 양조장을 설립해서 IPA를 만든다고 하자. 이 맥주를 크래프트 맥주라고 할 수 있을까? 그렇지는 않다는 말이다.

크래프트 맥주는 대기업 맥주에 없는 가치들을 갖고 있다. 혁신, 도전, 재미, 발칙함 같은 문화적 가치를 담고 있을뿐더러 나아가 정치, 젠더, 환경 문제처럼 사회적 가치가 녹아있기도 한다. 전통적인 맥주에서 볼 수 없는 새로운 양조 방법이나 향미도 중요한 덕목이다. 맥주의 정체성을 해치지 않는 선에서 다양한 부가물을 섞거나 양조 순서를 비틀기도 한다.

존재 방식도 독특하다. 각각의 크래프트 양조장은 자주적, 독립적으로 운영되지만 종종 철학과 방향성을 공유하는 경우도 있다. 종종 같은 지역에 있는 양조장끼리 동일한 정체성을 보여주는 콜라보레이션 맥주를 양조하기도 한다. 또한 기본적으로 성장을 추구하지만 경쟁보다 연대를 지향한다. 기존 프랜차이즈 확산 방식, 즉, 지역 경제를 무너뜨리는 적대적 경쟁은 크래프트 맥주 커뮤니티에서 허용되지 않는다.

그렇다고 이들이 법적으로 묶여있거나 규정되는 건 아니다. 공통적이고 느슨한 철학이 서로를 묶고 있을 뿐이다. 자유롭고 창조적인 맥주를 목적하고 추구하기에 과정과 결과물은 표준화되기 힘들다. 어찌 보면 카스와 테라처럼 비슷한 향미로 경쟁하는 관계와 정확히 반대에 서 있다고 할 수 있다.

'아니, 그래서 크래프트 맥주가 뭡니까'라고 물으면 솔직히 나도 할 말이 없다. 확실한 건 이 모든 바탕에는 문화라는 열쇠가 숨어있다는 사실이다. 그래서 크래프트 맥주는 해석의 영역에서 즐겨야한다. 개인, 사회, 배경에 따라 각자 해석하고 마시는 것이 중요하다. 누가 직관적으로 정의하거나 규정할 수 없다.

크래프트 맥주는 어떻게 시작된 것일까? 그 뒤에는 어떤 사회적 문화적 배경이 있는 것일까? 맥주가 인류 문명과 함께 태어난 것처럼 크래프트 맥주를 명확히 이해하기 위해서는 탄생 이면에 숨어있는 역사를 들춰봐야 한다.

크래프트 맥주 고향, 미국

세계대전 이후 미국은 전 세계 문화를 빨아들이는 문화 용광로가 됐다. 미국 자본은 타 문화를 자신의 방식대로 재생산한 후 다시 전파했다. 마침 보급되고 있던 컬러 TV가 큰 역할을 했다. 코카콜라, 리바이스, 맥도날드 같은 미국 브랜드 또한 문화의 하나로 소비되었고 버드와이저, 밀러, 쿠어스, 슐리츠 같은 미국 라거도 덩달아 혜택을 봤다.

60년대를 지나며 세계 맥주 시장은 폭발적으로 성장한다. 미국은 물론 전통적인 유럽과 일본 그리고 러시아 브랜드까지 성공 가도를 달렸다. 거대 자본으로 무장한 미국 라거가 대장이었다. 아시아와 남미 맥주는 미국 브랜드를 벤치마킹하며 성장했다. 자연스럽게 전분이 들어간 미국 라거는 맥주의 표준으로 자리 잡았다.

끝없이 올라가던 맥주 시장은 80년대 이후 주춤하기 시작한다. 라거로 뒤덮인 시장은 지루했다. 점차 맥주는 역동성이 떨어지고 수익도 사라진, 재미없는 비즈니스로 전락하고 있었다. 맥주 회사들은 인수합병을 통해 비용을 줄이고 시장을 확보하기 위해 몸부림쳤다. 그 결과, 맥주 시장은 대규모 자본이 지배하는 단순한 영역으로 굳어져버렸다.

크래프트 맥주는 아이러니하게 맥주 산업이 정체된 1980년 미국에서 꿈틀거렸다. 1979년 카터 대통령이 시행한 홈브루Homebrew 합법화가 신호탄이 됐다. 홈브루란 취미로 집에서 맥주를 만드는 것을 의미한다. 놀랍게도 그때까지 미국에서 홈브루는 불법이었다. 그동안 암암리에 창고에서 불법 양조를 하던 사람들이 기지개를 켜며 밖으로 나왔다.

혁신가는 항상 역사의 변곡점에 등장한다. 맥주도 마찬가지다. 미국 샌프란시스코에서 두 거인이 이전에 존재하지 않았던 맥주를 들고 나타났다. 프리츠 메이텍과 켄 그로스맨, 두 사람은 미국 자생종 홉을 넣은 새로운 스타일의 맥주를 선보였다.

1965년 앵커 브루잉을 인수한 프리츠 메이텍이 시발점이었다. 1975년 그는 간신히 목숨만 부지하고 있던 영국 페일 에일에 미국 자생종 홉, 캐스케이드를 넣어 감귤, 자몽, 솔 향을 입은 리버티 에일을 출시했다. 비록 완성도가 떨어져 사람들의 주목을 받지 못했지만 이 시도는 5년 뒤 켄 그로스맨에게 큰 영감을 주었다.

홈브루어였던 켄 그로스맨은 1978년 앵커 브루잉을 방문해 프리츠 메이텍을 만났다. 새로운 양조장을 꿈꾸던 그에게 메이텍의 혁신적인 양조 방식과 독특한 맥주들은 맥주 사업에 몸을 던질 수 있는 계기가 되었다. 1979년 켄 그로스맨은 시에라 네바다 브루잉을 설립하고 이듬해 시에라 네바다 페일 에일을 출시한다. 시에라 네바다 페일 에일은 리버티 에일처럼 영국식 페일 에일에 다량의 캐스케이드 홉을 넣어 폭발적인 감귤과 솔 향을 입힌 맥주였다.

리버티 에일과 시에라 네바다 페일 에일, 혜성처럼 등장한 두 맥주에 사람들은 환호했다. 가격이 높았고 품질도 불안정했지만 문제되지 않았다, 라고 말하고 싶지만 현실은 달랐다. 비즈니스는 동화가 아니다. 두 맥주는 모두 판매 부진에 시달렸다. 금수저 출신이었던 프리츠 메이텍은 그럭저럭 버텨냈지만 켄 그로스맨은 극심한 재정 문제를 겪었다. 라거에 익숙했던 대중들은 생경한 맥주에 선뜻 손을 내밀지 않았다.

두 양조장은 어떻게 됐을까? 망했을까? 다행히 망하지 않았다. 망하긴커녕 시에라 네바다 페일 에일은 현재 모든 크래프트 맥주의 효시로 추앙받고 있다. 거의 도산 직전까지 갔던 켄 그로스맨은 도대체 어떻게 생존한 걸까? 미국 맥주에 김장하 선생님이라도 계셨던 것일까?

보헤미안, 보보스 그리고 크래프트

시에라 네바다 페일 에일은 버드와이저보다 비싸다. 그것도 두 배나. 그럼에도 누군가는 시에라 네바다 페일 에일을 마시고 있다. 단지 향미가 좋다는 이유만으로 사람들이 지갑을 여는 것일까? 지금은 그럴지도 모르나, 40년 전에는 그렇지 않았다. 그때 시에라 네바다 페일 에일은 지금과 달랐다. 향미는 특별했지만 비싸고 품질도 들쑥날쑥했다.

그러면 도대체 누가 이런 맥주를 사 먹었던 걸까? 여기에 크래프트 맥주의 비밀을 푸는 열쇠가 들어있다. '그럼에도 시에라 네바다 페일 에일을 구입한 사람들'. 만약 이들이 없었다면 앵커 브루잉과 시에라 네바다는 진작에 망하고, 세상에 크래프트 맥주라는 건 존재하지 않았을지도 모른다.

나는 1960년대 등장한 히피Hippie 또는 보헤미안Bohemian이라 불리는 세력을 주목한다. 1960년대 미국에서 대학생을 중심으로 기존 질서에 반항하는 젊은이들이 등장했다. 배경에는 1968년 프랑스에서 시작된 68혁명이 있었다.

68혁명은 세계대전 이후 발생한 전 세계 젊은이들의 저항운동이다. 이들은 제국주의, 자본주의, 관료주의에 반대하며 노동과 시민 사회의 혁신을 이끌었다. 미국에서는 베트남 전쟁이 기폭제가 됐다. 미국 젊은이들은 베트남의 참상을 보며 자신들이 믿어왔던 정의의 실체가 기득권을 지키기 위한 수단에 불과했다는 사실을 깨달았다.

68혁명의 기운은 대학생 엘리트들에게 가장 빨리 전염됐다. 이들은 기득권 부르주아의 사회적 성공과 권위를 전면적으로 거부했다. 히피 또는 보헤미안으로 불린 이 세력은 현실도피, 집단생활, 약물남용과 같은 부정적인 면에도 불구하고 반전, 여성권익 증진, 인종차별 반대운동을 선도하며 70년대 후반까지 미국의 진보적 움직임을 이끌었다. 샌프란시스코는 이런 히피운동의 본산이었다. 라거 맥주에 대항하는 새로운 맥주들이 샌프란시스코에서 나온 게 결코 우연이 아니다.

고학력자들이었던 히피는 80년대 들어 미국 상류층으로 진입했다. 이들의 생활방식은 기존 부르주아와 달랐다. 경제적으로 자본주의적인 부를 추구하지만 소비적으로 히피정신을 이어가며 새로운 문화 소비 세력으로 정착했다. 이들을 부르주아와 보헤미안을 합쳐, 부르주아 보헤미안Bourgeois Bohemians, 또는 보보스라 부른다.

데이비드 브룩스는 그의 저서 '보보스'에서 과수원을 가꾸는 의사, 소설을 쓰는 변호사, 문학에 조예가 깊은 부동산 업자, 귀걸이를 하고 있는 심리학자를 예로 들며 이들은 자신들이 소비하는 물건과 투사하는 이미지에 자신들의 정체성과 이상을 반영한다고 언급했다.

이들은 중산층 이상의 부를 가지고 있지만 고급 레스토랑보다 동네 선술집을, 대리석 장식보다 자연적인 인테리어를, 슈퍼카보다 올드카와 같은 상품을 선호한다. 또한 환경운동, 로컬리즘, 자연주의를 반영하는 제품을 구매하고 후원에 동참하기도 한다. 보보스는 기꺼이 하층민들과 섞이지만 그들처럼 가난하게 살지는 않으며 보헤미안적 서브컬처를 추구하고 기존 보수주의 부르주아의 삶을 거부한다.

크래프트 맥주가 성장한 것은 보보스의 등장과 무관하지 않다. 80년대 컴퓨터와 IT 사업의 성공을 꿈꾸는 젊은 엘리트들이 서부로 몰려들었다. 우리가 잘 알고 있는 스티브 잡스의 애플, 빌 게이츠의 마이크로소프트를 비롯해 선 마이크로 시스템즈, 시스코, 시게이트, 오토캐스트, 어도비 등이 이때 시작한 회사들이다.

히피에 영향을 받은 젊은 창업가들이 보보스의 토대가 되었다. 다시 한번 크래프트 맥주가 시작된 곳이 히피의 본산, 샌프란시스코라는 사실에 주목하자. 크래프트 양조사들은 양조장을 개방해 지역 공동체와 소통하고 기존 건물의 인테리어를 이용하며 보헤미안 서브컬처를 반영했다. 또한 버드와이저 같은 맥주를 기득권 맥주로 규정하며 자신들의 정체성을 날카롭게 다듬었다.

대기업 맥주와 대척점에 서 있는 크래프트 맥주의 모습은 60년대 히피들이 저항한 모습과 정확히 일치했다. 보보스는 향미와 품질이 일정치 않고 가격도 비싼 시에라 네바다 에일을 사 먹는데 주저하지 않았다. 자신들과 철학과 정체성이 일치하는 크래프트 맥주에게 기꺼이 손을 내밀었다.

크래프트 맥주는 모두를 위한 맥주가 아니었기에 살아남았다. 철학과 철학이 만나고 가치와 가치가 이어지는 문화 교집합 속에서 생존했다. 크래프트 맥주를 사랑하는 사람들은 맥주 향미 뒤에 있는 문화를 공유하고 향유하려 한다.

자신의 정체성을 진정성 있는 모습으로 고객과 소통하는 것이 크래프트 맥주의 핵심이다. 이런 의미에서 한국에서 '크래프트 맥주'를 '수제 맥주'로 단순 번역한 것은 그 의미를 제대로 이해하지 못한 해프닝에 가깝다.

K컬처, 그리고 한국 크래프트 맥주

도전, 다양성, 지역성, 진정성, 지속가능성, 나는 이 5가지를 크래프트 맥주의 핵심가치라고 주장한다. 미국 맥주에 버금가는 향미를 갖고 있는 한국 크래프트 맥주가 아직 선명하지 못한 이유는 이런 가치들을 소비자와 공유하지 못하기 때문이다.

한국의 문화 소비자는 미국의 보보스와 명백히 다른 세력들이다. 사회 경제적 배경이나 세대 간 문화도 미국과 다르다. 한국 크래프트 맥주는 이들이 누군지 이해하고 문화적 공감대를 형성해야 한다. 크래프트 맥주라는 문화상품을 소비하는 세력을 발견하거나 추종할 만한 정체성을 구축하기 위한 노력이 필요하다.

그 힌트를 어디서 찾을 수 있을까? 개인적으로 전 세계적으로 인기를 얻고 있는 K컬처의 성공 방식을 깊숙이 들여다봐야 한다고 생각한다. K뷰티, K팝, K드라마 산업이 가지는 공통분모는 문화적 공감과 연대다. 이런 산업들이 어떻게 정착했고 성장했는지 벤치마킹할 필요가 있다.

맥주를 통해 지역 공동체와 연대하고 사회 문화적 공감을 얻는 것이 필요하다. 크래프트 맥주는 만 원에 4캔으로 소비되는 제품이 아닌, 정서와 문화를 반영하는 특별한 제품이어야 한다.

크래프트 양조사들은 이제 문화 창조자다. 공감 세력을 만드는 것은 오랜 시간이 걸리는 일이겠지만 이 산업의 성공 공식은 여기에 있다. 한국 크래프트 맥주의 건투를 빈다.

하우스 맥주, 수제 맥주, 크래프트 맥주

2003년이었다. 대학 졸업 후 국내 굴지의 식품 유통회사로 진로를 결정했다. 전공도 관련이 있었지만 그때까지만 해도 의식주는 망하지 않는다는 고루한 믿음이 사회에 존재했다. 첫 회사는 역삼역 사거리에 있었다. 꼭대기에 별이 빛나는 스타타워라는 빌딩으로 출근했다.

나에게 강남은 신세계였다. 강북에서 태어나 대학교까지 강북에 있었던 터라 테헤란로의 빌딩숲은 21세기 사이버 도시처럼 보였다. 일과를 마치면 나는 강남역 주변을 탐험하듯 돌아다녔다. 맛집 가이드는 길거리 전단지와 간판이 유일했다. 스마트폰은 물론 네이버 지도도 없었던 시절이었다.

아, 그 당시 네이버가 우리 회사 맞은편에 있었었는데. 이렇게 클 줄 알았다면 건너 사무실에 이력서라도 던져주고 올걸.

강남역은 지금보다 훨씬 힙한 동네였다. 온갖 유명한 식당, 카페, 술집이 구석구석 서식하고 있었다. 지금 성수동처럼 식도락 트렌드를 선도하는 맛집들이 즐비했다. 하우스 맥주라는 녀석을 처음 만난 곳도 강남역 근처였다. 위치는 잘 기억이 나지 않는다. 이름도 가물가물하다. 미르센인가 미요센인가 그랬다. 미요센이 지질 관련 단어인 거 보면, 미르센이었을 가능성이 높다. 미르센은 홉 오일에 있는 향 성분 중 하나를 의미한다.

확실하게 기억나는 건, 그곳이 지하에 있었다는 사실이다. 지하에 있었던 구리빛 양조시설의 위엄이 아직도 떠오른다. 사람들이 양조장 옆에 앉아 맥주를 마시는 모습도 태어나서 처음 보는 풍광이었다.

30살의 나는 맥주에 전혀 관심이 없는, 평범한 직장인이었다. 메뉴판에 있는 맥주 이름이 생경하게 다가왔다. 필스너, 바이스, 둥켈이 뭔지도 모르고 맥주를 주문했다. 가물가물하지만 가격은 330ml 한 잔에 8천 원 정도였던 거 같다.

2000년대 초반, 호프집 생맥주 한 잔 가격이 2천 원 안팎이었으니, 대략 4배 정도 비싼 가격이었다. 지금 소득과 물가 수준을 생각하면 한 잔에 3만 5천 원 정도의 크래프트 맥주와 비교할 수 있으려나.

필스너였었나? 아니, 불투명한 바이젠이었나? 잘 모르겠다. 두 개 모두 마셨을지도 모른다. 누구랑 갔는지도 기억이 없다. 이럴 때마다 흐릿한 기억을 선명한 화질로 재생해주는 스마트폰이 있었으면 좋겠다.

그렇게 비싼 맥주를 주문한 건, 순전히 호기심 때문이었다. 양조장에서 만든 맥주가 어떤 맛일지, 호프집 생맥주보다 얼마나 맛있을지 궁금했다. 그런데, 기대가 너무 컸을까? 4배나 비싼 맥주라, 4배 더 맛있을 거라는 바람 때문이었을까? 생각보다 별로였다. 금방 일어나, 치킨과 맥주를 찾아 다음 골목으로 발걸음을 옮겼다.

하우스 맥주의 요람, 한일 월드컵

나처럼 하우스 맥주를 기억하는 세대가 남아있을까? 워낙 짧은 불꽃을 태우고 사라진 터라, 추억을 나눌 사람도 별로 없다. 하우스 맥주, 도대체 누구 아이디어인지 모르겠지만, 지금 생각하면 기발하고 귀여운 이름이다. 미국이나 영국에서 일반적으로 사용하는 용어는 아니다. 그렇다면 한국에서 언제부터 하우스 맥주라는 요상한 맥주가 생겨난 것일까?

2002년 한일 월드컵은 우리에게 4강 신화만 선물하지 않았다. 정부는 월드컵 개최를 맞아 소규모 맥주 양조 면허를 허용했다. 그때까지 한국 맥주 시장은 오비와 하이트가 완전히 둘로 양분하고 있었다.

아마 정부 관계자들은 다양한 맥주가 존재하는 일본에 비해 지루하기 짝이 없는 한국 맥주 시장을 외국인들에게 보여주기 민망했던 거 같다. 그렇지 않았다면 하필 한일 월드컵에 맞춰 소규모 면허를 늘리지 않았겠지.

한국에서 맥주 사업은 누구나 할 수 있는 영역이 아니었다. 주세법이 규정하는 일정 규모의 시설을 갖춰야 하는 대규모 투자 산업이었다. 큰 투자가 필요한 대형 양조장에 비해 규모가 작은 양조장은 짧은 생각에서 나온 자구책이었을 가능성이 높다.

정부는 몇 가지 조건을 내세우며 소규모 맥주 시설을 허용했다. 우선, 발효조 용량을 5,000L 이상, 7,500L 이하로 제한했다. 어느 정도 투자를 허용하되, 대기업 맥주 시장으로 확장되는 것을 방지한 묘책이었다. 외부유통도 금지했다. 소규모 양조시설에서 만든 맥주는 브루펍 허가를 받은 장소에서만 판매할 수 있었다.

아무도 관심 없을 것 같았지만 놀랍게도 1년 만에 150여 개가 넘는 브루펍이 탄생했다. 맥주에 대한 관심보다 신규 사업의 대박을 기대하며 투자한 사람들이 많았다. 술 산업은 규제 변화에 가장 민감하다. 오비와 하이트 같은 대기업이 카르텔을 형성할 수 있었던 이유도 72% 세율을 유지했던 정부 정책 때문이었다.

주세가 국세 중 큰 부분을 차지하던 개발도상국 시절, 고급술로 취급받던 맥주는 높은 세금을 부과받고 있었다. 맥주가 대중 술로 자리 잡은 88 올림픽 이후에도 이 세율은 그대로 유지되었다. 오랫동안 꿈쩍 않던 맥주 규제의 변화가 누군가에게 큰돈을 벌 수 있는 기회로 다가왔던 모양이다.

브루펍은 대부분 강남을 중심으로 서울 주요 상권에 자리 잡았다. 양조 장비는 주로 독일에서 수입됐다. 숙련된 맥주 양조사가 드물었기에 장비 회사에서 받은 양조 레시피로 맥주를 생산했다. 자연스럽게 필바둥으로 불리던 필스너, 바이젠, 둥켈 같은 독일 스타일이 주인공이 될 수밖에 없었다.

한일 월드컵의 열기와 달리 하우스 맥주의 현실은 녹록지 않았다. 이들을 좌절시킨 가장 큰 장벽은 세금이었다. 이 당시 맥주에는 종가세가 적용됐다. 종가세는 맥주 생산에 들어가는 모든 비용에 세금을 붙이는 방식이다. 맥아와 홉 같은 기본 재료비는 물론 인건비, 임대료, 전기료, 수도료, 감가상각비까지 모든 비용을 녹여 맥주 가격을 책정한 후, 여기에 무려 72%라는 세금이 붙었다. 맥주 생산가가 1,000원이라면 판매가는 1,720원이 됐다.

72%라는 세금도 높았지만 맥주 생산가 자체도 너무 높았다. 대기업은 대량생산을 통해 비용을 낮추는 규모의 경제가 가능했지만 소량생산을 하는 하우스 맥주는 근본적인 해결 방법이 없었다.

게다가 강남과 홍대의 높은 임대료와 독일산 장비 가격을 맥주에 녹여야 하니, 한 잔에 8천 원이 되는 게 너무 당연했다. 외부유통이라도 가능했으면 영업이라도 뛰어서 판매 루트를 뚫었겠지만 그것도 법으로 막혀있었다. 애초에 수지타산이 안 맞을 수밖에.

고객들에게도 독일 맥주는 생소한 스타일이었다. 프리미엄으로 갈수록 관심과 공부가 필요한 법이다. 필스너라는 스타일을 모르면 오비맥주와 차이점을 구분하기 어렵다. 아니 구분하기 귀찮은 게 더 정답이다. 20년 전, 누가 맥주를 구분하며 마시는가? 가격 또한 그렇게 높았으니, 나 또한 4배 가격 차를 극복하지 못하고, 치맥을 위해 다음 골목으로 이동했던 게 아닌가.

소규모 맥주 양조장들은 국세청을 향해 줄기차게 세금 문제를 어필했지만, 견고한 맥주 카르텔은 꿈쩍도 하지 않았다. 그 결과, 2년 만에 150개에 육박했던 하우스 맥주는 50여 개 정도로 줄어들었다.

월드컵도 끝나버려 맥주 시장은 정부의 관심에서 멀어졌다. 이때부터 소규모 맥주 양조장들은 생산량에 따라 세금을 내는 종량세와 외부 유통을 허용하는 주세법 개정을 끊임없이 요구했다. 이들은 골리앗에 맞서는 다윗이 될 수밖에 없었다.

문화가 바꾼 맥주 이름, 하우스 맥주에서 수제 맥주로

2014년 주세법에 작은 변화가 생겼다. 소규모 제조 맥주의 외부유통이 허용된 것이다. 2010년부터 다양한 수입 맥주가 들어오며 시장의 지형을 흔든 결과였다. 대형마트의 선반을 장악한 유럽 맥주들이 폭발적으로 성장하며 소비자들의 입맛을 바꿔 버렸다. 드디어 사람들이 필스너, 바이젠, 둥켈의 차이에 관심을 갖고 구분하며 맥주를 마시기 시작한 것이다.

특히 크래프트 맥주Craft beer라고 부르는 맥주들이 젊은 층을 중심으로 조금씩 국내에서 주목을 받았다. 페일 에일이니 IPA니 하는 용어들은 얼리어답터를 상징하는 지표가 되었고 펍에 둘러앉아 IPA에 대한 누군가의 일장 연설을 듣는 장면도 종종 볼 수 있었다.

이런 문화 아래 새로운 소규모 맥주 회사들이 속속 태어났다. 홈브루잉으로 레시피를 공부하며 자신만의 맥주에 도전한 세력들이 주축이 됐다. 이들은 독일 스타일에 한정됐던 하우스 맥주와 달리 인디아 페일 에일, 스타우트, 세종처럼 미국에서 유행하는 스타일에 초점을 맞췄다. 플레이 그라운드, 가로수 브루잉, 맥파이, 어메이징 브루잉, 브루원, 더부스, 문베어, 제주맥주 같은 양조장들이 서로 다른 개성을 드러내며 맥주를 출시했다.

새로운 맥주는 이태원을 중심으로 향유되었다. 젊은 세대를 중심으로 크래프트 맥주를 즐기는 탭룸이 늘어났다. 2010년부터 맥주에 빠졌던 나도 이태원을 자주 다녔다. 사계라는 펍이 먼저 생각난다. 맥덕들의 사랑방 같은 곳이었다. 새로 수입된 맥주가 있으면 시음회가 열렸고 이런저런 품평을 하며 식견을 넓히곤 했다.

그밖에 메이드인 퐁당, 파이루스, 스킴 45 같은 펍도 이태원 크래프트 맥주 전성기를 이끌었다. 이 흐름은 가로수길과 서래마을, 홍대로 동시다발적으로 전파되었다. 밴드 오브 브루어스, 미켈러바, 신사 퐁당, 펑키 탭 하우스, 크래프트 브로스도 크래프트는 강남에서, 용당리, 누바, 크래프트 발리, 온탭 같은 펍은 홍대에서 크래프트 문화를 빛냈다.

하우스 맥주 시절 살아남은 몇몇 양조장들이 이런 흐름에 동참했다. 세븐브로이, 플래티넘, 카브루가 병 제품을 출시했고, 대형마트까지 진출했다. 신생 양조사 중에서는 더부스가 마트 진출에 가장 적극적이었다. 언론도 맥주 시장의 변화에 관심을 보였다. 그리고 크래프트 맥주를 단순 번역해 수제 맥주로 부르기 시작했다.

한동안 대중들은 하우스 맥주와 수제 맥주를 중복해서 사용했지만, 곧 수제 맥주라는 용어에 익숙해졌다. 누가 정의한 것도, 주장한 것도 아니지만, 대중과 언론에 의해 개념이 나뉘어졌다. 수제 맥주는 대기업 맥주와 구분되는, 특별한 맥주로 자연스럽게 시장에 녹아들었다.

소비자들의 관심이 높아지며 새로운 카테고리를 찾고 있던 대형마트의 주문도 늘어났다. 세븐브로이, 카브루, 제주맥주, 문베어, 플래티넘이 이 시장에 적극적으로 뛰어들었다. 적자였지만 매출을 높여 장기적으로 가격 경쟁력을 확보하려는 전략을 내세웠다. 장밋빛 전망을 그리며 투자 유치에도 열을 올렸다. 종가세를 생산량에 따라 세금을 부과하는 종량세로 바꾸자는 소리도 높아졌다.

짧은 불꽃을 불태운 수제 맥주

2020년 둑이 무너졌다. 70년 만에 맥주 세금이 종량세로 바뀐 것이다. 저가 수입 맥주가 원인을 제공했다. 종가세 체계에서 낮은 가격으로 맥주를 수입하면 상대적으로 낮은 세금이 붙어 싸게 팔 수 있었다.

한 캔에 천 원짜리 수입 맥주가 매대를 가득 채웠다. 국내 맥주, 특히 대기업 맥주들이 기울어진 운동장을 주장하며 박탈감을 호소했다. 심지어 오비맥주는 카스를 미국에서 생산해 수입하기도 했다.

맥주 종가세 문제에 대기업까지 동참하자 결국 정부가 손을 들었다. 맥주 종가세를 폐지하고 생산 맥주 1L당 약 800원 정도의 세금을 부과하는 종량세를 도입했다. 덩달아 수제 맥주 회사들의 묵은 체증도 사라졌다. 족쇄가 풀리자 일부 수제 맥주 회사들은 대형마트와 편의점에 진출하기 위해 사력을 다했다.

아이러니하게 코로나 팬데믹이 큰 도움이 됐다. 집합금지가 실시되며 펍과 음식점에서 맥주를 마시기 힘들어졌다. 사람들은 집에서 맥주를 마실 수밖에 없었고 편의점과 대형마트의 술 매출이 급상승했다. 그러자 대규모 생산이 가능한 수제 맥주 회사에 투자가 몰렸다. 트리거는 곰표 밀맥주와 제주맥주였다.

곰표 밀맥주는 신선했다. 고객들은 맥주의 새로운 변신에 열광했다. 순식간에 레트로 콘셉트 맥주 열풍이 불었다. 말표, 쥬시후레쉬 등 콜라보레이션 맥주가 우후죽순 등장했다. 심지어 오비맥주도 핸드 앤 몰트를 인수하고 코리아 크래프트 브루어리[KCB]라는 회사를 만든 후, 이 대열에 동참했다. 밀가루, 속옷, 조미료, 껌이 맥주 라벨에 도배되었다.

수제 맥주 회사 최초로 상장에 성공한 제주맥주는 수많은 맥주 업계 투자자들에게 장밋빛 꿈을 선물했다. 코로나 팬데믹으로 풀린 돈이 몇몇 수제 맥주 회사로 몰려들었다. 순식간에 수제 맥주는 이상적이고 아름다운 투자처가 됐다.

어메이징 브루잉, 카브루, 세븐 브로이, 스퀴즈, 세를나잇, 플래티넘 같은 수제 맥주 양조장들이 투자를 받아 공장을 확장하고 수많은 콜라보레이션 맥주를 선보였다. 4캔 만 원 맥주가 된 수제 맥주는 편의점 선반을 형형색색 물들였다.

하지만 나에게 이 모든 상황은 곧 무너질 바벨탑처럼 보였다. 욕심이 너무 빨리 거품을 키우고 있었다. 편의점에 있는 수제 맥주들은 양조사의 철학도 재료 본연의 향미도 갖고 있지 않았다.

단기 수익을 채우기 위해 재미만 강조한 예쁜 쓰레기들이었다. 모두 적자를 감수하며 치킨 게임을 하고 있었다. 모래 위에 쌓은 성들이 곧 무너질 거라고 확신했다. 그리고 2년 만에 내 예상은 맞아떨어졌다.

끝없이 성장할 것 같던 수제 맥주에 이상이 감지됐다. 2022년부터 판매량이 주춤하기 시작했다. 소비자들은 범람하는 콜라보레이션 맥주에 싫증을 느끼고 단순한 향미에 짜증을 냈다. 이들에게 4캔 만 원 수제 맥주는 더 이상 양조사의 철학과 다채로운 향미가 넘치는 프리미엄 맥주가 아니었다.

누적 적자에도 불구하고 몸집을 불리기 위해서 공장을 증설한 수제 맥주 회사들은 매출이 감소하자 위기를 맞았다. 대량생산에 따른 비용 절감을 누리기 위해서는 시간이 필요했지만 소비자들은 기다려주지 않았다. 재미도 없고 힙하지도 않은 4캔 만 원 수제 맥주는 완전히 관심에서 멀어졌다.

원래 이름을 되찾은 크래프트 맥주

단어의 의미는 사회적, 문화적 맥락에 따라 변하기 마련이다. 수제 맥주가 그렇다. 처음에 크래프트 맥주를 단순 번역해 부르던 수제 맥주는 합리적 가격과 품질을 가진, 재미있는 대중 맥주로 바뀌어 버렸다. 누구도 의도하지 않았다. 그냥 대중이 수제 맥주를 그렇게 인식하고 소비했을 뿐이다.

하지만 시장 한구석에는 마트와 편의점에 진출하지 않은 특별한 맥주들이 여전히 남아있었다. 지역 재료, 독특한 컨셉, 도전적인 스타일로 양조사의 색과 철학을 담아낸 작은 규모의 맥주들이었다. 한때 이런 맥주들도 수제 맥주로 불렸다. 이제 아니다. 구분되어야 한다. 어떤 이름으로 부르면 좋을까? 원래 이름이었던 크래프트 맥주로 부르는 게 합리적이지 아닐까?

자본주의 시장에서 구분은 자연스러운 일이다. 차별화는 생존의 기본 수단이다. 대중에게 다르게 인식되어야 새로운 소비가 일어난다. 정동 독립맥주공장 맥주와 편의점 곰표 밀맥주의 정체성은 완전히 다르다. 이제 두 맥주는 각각 크래프트 맥주와 수제 맥주로 구분해서 불러야 한다.

그렇다고 크래프트 맥주가 선이고 다른 맥주가 악이라는 의미는 아니다. 맥주는 예술이 아니라 비즈니스다. 대기업 맥주가 대중맥주 영역에 있듯이, 편의점에 진출한 수제 맥주도 자신들의 영역이 있다. 다만 한동안 누렸던 문화 리더십을 잃었을 뿐.

다양하고 다원화된 맥주가 공존하기를

크래프트 맥주는 이제 출발점에 섰다. 이 영역은 누군가의 리더십에 좌우되지 않는다. 크래프트 맥주 세계에서 통합과 합일은 애초에 불가능하다. 크래프트 맥주는 다양성, 지역성, 진정성, 지속가능성이라는 철학 위에 느슨하게 연대할 것이다. 2~3년 내에 맥주 문화의 리더십은 크래프트 쪽으로 완전히 옮겨가리라 확신한다.

크래프트 맥주는 예술의 감성을 공유하고 프리미엄 품질을 지향해야 한다. 점이 모여서 선과 면이 되듯, 소규모 맥주들이 모여 하나의 그림이 될 것이다. 수많은 K팝 그룹이 K팝 문화를 만드는 현상과 같은 맥락이다. 물론 크래프트 맥주가 K팝 그룹처럼 큰돈을 벌지는 못하겠지만.

어디서든 획일화는 위험하다. 다양성은 자연과 시장의 법칙이다. 작지만 가치 있는 것들이 필요한 법이다. 크래프트 맥주는 한국 맥주 시장에 없었던 다채로움을 채워주고 있다. 지역을 품고 사람을 말하고, 때로는 인권과 도전을 외칠 수 있는 그런 다채로움. 맥주가 술에 불과하지만 문화로 빛날 수 있는 이유다.

대기업 맥주는 합리적 가격과 품질을 담은 대중 맥주로 역할을 하면 된다. 어려움을 겪고 있는 수제 맥주는 한정된 범위에서 소비자가 원하는 맥주를 선보일 것이다. 크래프트 맥주는 빈 공간에 색을 채우며 풍요로움을 더할 수 있다. 경쟁을 통한 발전은 소비자를 이롭게 하고, 공존에서 비롯된 문화는 사회에 선한 영향력을 끼친다. 모든 변화 발전에는 명암이 있다. 한두 개 브랜드가 지배하며 죽어있는 시장보다 움직이고 변화하는 시장이 낫다.

크래프트 맥주는 문화를 빚는 일이다.

나는 정동을 담은, 정동을 닮은 맥주를 빚는다.

크래프트 맥주에게 정치를 묻다

    2023년, 미국에서 재미있는 일이 일어났다. 초거대 맥주 기업 에이비 인베브 AB InBev의 1등 맥주 버드라이트가 졸지에 좌파 맥주로 낙인찍힌 것이다. 미국 보수 세력은 버드라이트에 강한 불쾌감을 표시했고 보수 언론 폭스는 에이비 인베브를 연일 질타했다.

    라이트라는 이름도 그렇고, 우파 맥주면 우파 맥주지 좌파 맥주가 될 리가 없는데, 왜 그런 걸까? 아, 여기서 버드라이트의 라이트 Light는 칼로리가 낮다는 의미다. 진짜 라이트 Right로 생각하는 사람은 없겠지?

    이들이 발끈한 이유는 에이비 인베브가 트랜스젠더 인플루언서, 딜런 멀바니Dylan Mulvaney에게 버드라이트를 협찬했기 때문이다. 남성 코미디언이었던 멀바니는 소셜 미디어 틱톡을 통해 여성이 되는 과정을 올려 화제가 된 인물이다. 무려 1000만 명이 넘는 팔로워와 10억 뷰에 달하는 영향력을 자랑하고 있었다.

여성이 된 지 1주년을 기념하며 올린 포스팅이 발단이었다. 그녀는 에이비 인베브가 특별히 제작한 버드라이트를 들고 사진을 찍었다. 맥주 라벨에는 환하게 웃고 있는 멀바니가 보였다.

성소수자에 반감을 가진 미국 보수층은 자신들이 즐겼던 버드라이트에 깊은 배신감을 느끼고 거센 불매운동을 시작했다. 결과는 심각했다. 버드라이트 매출은 25% 하락했고 주가도 6조 6천억 원이 폭락한 것이다.

에이비 인베브 최고경영자 마이클 두커리스는 수만 명의 인플루언서 중 한 명에게 한 캔의 맥주만 보냈을 뿐, 공식 광고는 아니었다며 논란을 진화시키려 했다. 그러자 좌파 진영에 있는 성소수자들과 인권운동가들이 들고일어났다. 소수자들의 인권을 무시하고 짓밟았다는 주장이었다. 버드라이트는 이리로 가지도 못하고, 저리로 가지도 못하는 진퇴양난에 빠져버렸다.

버드라이트(Bud Light) vs 울트라 라이트(Ultra Right)

에이비 인베브가 의도적인 정치적 마케팅을 기획하지는 않았을 것이다. 이익이 중요한 기업들은 정치적 논란에 얽매이기 싫어한다. 아마 버드라이트 또한 다분히 인플루언서의 팔로워를 염두에 둔 상업적 마케팅을 기획했을 것이다.

에이비 인베브는 조속히 논란을 덮고자 했지만, 미국 보수 세력의 불매운동은 더욱 거세졌다. 2016년 도널드 트럼프 대통령의 조지아 주 캠페인을 진행했던 세스 웨더스는 버드라이트에 맞서 울트라 라이트 비어Ultra Right beer의 출시를 발표했다. 정말로 라이트 맥주가 나타난 것이다. 그는 미국이 어느 화장실을 써야 하는지도 모르는 회사의 맥주를 마시고 있다고 조롱하며, 진짜 우파 맥주를 마시라고 홍보했다. 트랜스젠더를 향한 고약한 외침이었다.

에이비 인베브는 담당 이사 2명을 휴직시키고 새로운 마케팅을 하겠다고 선언했지만 여전히 논란은 가라앉지 않았다. 비즈니스에서 정치적 제스처는 늘 위험을 동반한다. 특히 버드라이트 같은 대중 맥주는 정치를 이야기하는 것이 쉽지 않다.

에이비 인베브는 그동안 전형적인 미국 노동자를 광고에서 그려왔다. 평범한 미국인을 위한 '미국' 맥주가 버드였다. 멀바니 마케팅은 모든 고객을 품어야 하는 숙명을 가진 맥주가 본분을 망각한 패착이었다.

크래프트 맥주, 정치를 담다

맥주가 정치를 말하는 건 불가능한 일일까? 대중 맥주와 달리 크래프트 맥주는 과감히 정치를 다룬다. 울트라 라이트 비어가 보수 성향 소비자를 대상으로 했다면 블랙 이스 뷰티풀$^{Black\ Is\ Beautiful}$은 인종차별을 반대하는 진보적 메시지를 외치고 있다.

이 맥주는 2018년 미네소타 경찰의 과도한 진압으로 사망한 조지 플로이드 사건을 배경으로 탄생했다. 웨더스 소울스 브루잉은 '검은 것은 아름답다.'라는 글귀가 있는 라벨을 통해 전 세계 크래프트 양조장과 연대를 시도했다. 인종차별 반대에 뜻을 같이하는 맥주를 공동으로 기획하고 판매 수익은 모두 지역 인권 센터에 기부하는 조건이었다.

맥주 스타일은 짙은 흑색과 진한 쓴맛을 품고 있는 임페리얼 스타우트였다. 스타일은 바꿀 수 없지만 그밖에 다른 부분은 양조장의 개성을 표출할 수 있도록 허락했다. 미국은 물론 유럽, 남미, 아시아, 전 세계 1,000개가 넘는 크래프트 양조장이 동참했다. 한국에서는 제주도에 있는 맥파이를 통해 차별을 반대하는 메시지가 전달됐다.

투표 독려 캠페인을 전개한 크래프트 맥주도 있다. 스코틀랜드 출신으로 영연방을 대표하는 크래프트 맥주 브루독은 2017년과 2019년 보트 펑크 Vote Punk 라고 인쇄된 대형버스를 운행하며 투표를 한 사람들에게 펑크 IPA를 공짜로 나눠줬다. 브렉시트로 영연방이 혼란스러웠던 시기였다.

브루독 대표 제임스 와트는 "우리는 어느 진영에 속해있지 않습니다. 당신이 누구에게 투표하든 상관하지 않습니다. 단지 투표하는 모든 이에게 맥주를 사 주고 싶을 뿐입니다. 우리 조국의 미래에 어떤 일이 벌어질지 모르겠지만, 좋은 크래프트 맥주를 마시면서 이를 극복하기 원합니다."라는 메시지를 남겼다. 물론 이 투표로 EU를 탈퇴한 영국의 미래가 밝을지는 의문이지만.

브루독은 정치적 메시지를 내는 데 적극적인 맥주로도 유명하다. 2014년 러시아 소치 올림픽에서 동성애에 반대한 블라디미르 푸틴에 항의하는 '안녕, 내 이름은 블라디미르야.' Hello My Name Is Vladimir 를 출시했고 2019년에는 파리 기후 조약 탈퇴를 선언한 도널드 트럼프를 비꼬는 '지구를 다시 위대하게' Make Earth Great Again 도 선보였다.

현실 정치인을 직접적으로 비판하기도 했다. 브렉시트 강력 옹호자인 보리스 존슨이 영국 총리로 임명되자 '안녕, 내 이름은 (선출되지 않은) 보리스야'Hello My Name Is (Unelected) Boris를 내놓으며 조롱했고 2022년 브렉시트와 코로나 팬데믹을 무력하게 대응한 존슨 총리가 사임할 때는 '거짓말쟁이 보리스'Boris-Lie Pale ale를 출시하며 현실 정치를 비판했다. 아무리 생각해도 한국에서는 상상하기 힘든 일이다.

크래프트 맥주, 저항운동을 이끌다

2023년 5월 태국 총선에서 진보적 성격을 지닌 전진당MFP, Move Forward Party이 압승을 거두는 일이 일어났다. 오랫동안 독재 정권하에 있던 태국에서 혁명 같은 사건이었다. 놀랍게도 전진당 승리 뒤에는 맥주 양조 자유화를 주장하는 크래프트 맥주가 있었다.

태국 맥주 시장은 거대한 맥주 브랜드, 싱하와 창이 지배하고 있다. 배경에는 알코올음료관리법이 있었다. 태국에서 맥주 양조장 허가를 받기 위해서는 10만 리터의 맥주를 생산할 수 있는 능력과 천만 바트(약 3억 원)의 자본금이 필요했다. 소규모 양조장은 페이스북 같은 소셜 미디어에 맥주 광고를 올리는 것도 허용되지 않으며 홈브루잉 또한 불법이었다.

태국 소규모 맥주 양조자들은 규제를 피해 싱가포르나 베트남에서 맥주를 만든 후 수입하는 방법으로 크래프트 맥주 문화를 전파했다. 이런 노력은 태국인들이 크래프트 맥주에 관심 갖도록 만들었다. 게다가 자국에서 맥주를 자유롭게 양조할 수 없는 현실을 자각하고 이들을 응원하는 계기도 됐다.

소규모 양조장 이슈가 조금씩 부각될 무렵, 결정적인 일이 터졌다. 맥주 양조 자유화를 위한 네트워크, 프라차촌 비어^{Prachachon Beer}의 창립자 타나콘^{Thanakorn Tuamsa-ngiam}이 기소된 것이다. 그는 소셜 미디어에 맥주 교육 관련 내용을 지속적으로 게재했고 결국 벌금형을 받았다. 게시물을 삭제하지 않는 이상, 벌금은 계속 올라갔지만 타나콘은 포스팅을 내리지 않는 방법으로 부당함에 저항했다. 이 흐름은 점차 양조자유화운동으로 성격이 변해갔다.

진보 성향의 전진당은 양조자유화운동이 기득권 세력을 무너뜨릴 수 있는 기폭제가 될 것을 직감했다. 그리고 이 분야에 상징적 인물인 타오피홉 림지트라콘^{Taopiphop Limjitrikorn}을 영입했다. 그는 2017년 불법 홈브루잉 혐의로 체포되어 벌금형을 받았다. 타오피홉은 전진당에 입당한 후, 맥주 관련 법들이 중소기업의 기회를 박탈하고 거대 기업의 독점을 비호하고 있다고 주장했다.

타오피홉과 타나콘을 비롯한 크래프트 맥주 양조장들의 저항은 1% 소수가 65% 이상 부를 소유하고 있는 태국 현실에서 울림이 되어 퍼졌다. 크래프트 맥주는 억압에 맞서 싸우는 자유의 상징으로 떠올랐다. 전진당은 수권 정당이 되면 양조자유화법을 통과시키겠다고 약속하며 불을 지폈다.

타나콘은 여러 매체를 통해 크래프트 맥주 산업으로 태국이 관광 산업의 글로벌 허브가 될 것이라고 주장했다. 수출 산업의 핵심이 될 수 있다고도 말했다. 타오피홉은 맥주를 마시지 않는 사람들도 전진당에 지지를 보내고 있다는 것에 주목했다. 그리고 양조자유화법이 사회를 공정하게 만드는 데 기여할 것이라 설파했다.

2023년 치러진 총선에서 전진당은 38%를 득표하며 12% 얻은 태국 연합 정당United Thai Nation Party을 제치고 수권 정당으로 올라섰다. 진보 정당이 제1당이 된 것은 태국 역사상 처음 있는 일이었다. 크래프트 맥주가 정치 변화에 큰 기여를 한 것이다. 국회의원이 된 타오피홉은 법 개정을 본격적으로 추진하고 있다.

고무적인 일은 싱하를 이끄는 맥주 재벌 피티 브롬바크티 또한 전진당의 양조자유화법을 지지하고 있다는 사실이다. 그는 방콕 포스트와 인터뷰에서 시장에 새로운 경쟁자가 나타나는 건 자연스러운 현상이며 변화에 맞춰 발전하고 적응해야 한다고 전했다. 또한 다양성 증가가 시장의 혁신과 발전을 불러올 것이라고 밝혔다.

그렇다고 크래프트 맥주가 항상 진보적인 위치에 있거나 진보 성향의 정치인만 지지하는 것은 아니다. 비즈니스는 커질수록 이해관계가 복잡해지기 마련이다. 그 속에 진보와 보수 구분은 사라지곤 한다.

예를 들어, 미국 크래프트 양조사 협회(BA, Brewers Association)는 2019년 협회 내에 정치 활동 위원회(PAC, Political Action Committee)를 두고 협회원의 이익을 위한 활동을 하고 있다. PAC는 정치 성향과 관계없이 소규모 독립 맥주 양조장을 이해하고 옹호하는 연방 공직자 후보를 지지하고 있다.

자유 그리고 크래프트가 흐르는 사회

대중 맥주에 비해 크래프트 맥주가 정치적으로 자유로울 수 있는 이유는 비주류이기 때문이다. 크래프트 맥주는 애초에 생존을 위해 대기업 맥주와 전선을 긋고 언더독으로서 색을 분명히 해 왔다. 다양성과 진정성이라는 가치를 명확히 표현하며 정체성을 다듬어 온 것이다.

맥주보다 더 중요한 건, 맥주도 정치적 발언을 할 수 있는 환경이다. 맥주가 대통령을 비판해도 탄압받지 않는 사회, 소수자를 대변하고 환경 문제를 떠들어도 비난받지 않는 사회, 어쩌면 어떤 맥주인지가 아니라, 자유 의지가 허용되는 사회문화가 더 중요한 게 아닐까. 권력을 향한 풍자에 발끈하는 사회에서 크래프트를 논하는 거 자체가 아이러니일 수 있다.

크래프트 맥주는 자유로운 사회 안에서 발전한다. 다양성이 존중되고 다름을 인정하는 사회, 진정한 자유가 흐르고 의지가 속박되지 않는 사회, 국민이 진정한 국가의 주인인 사회에서 숨 쉴 수 있다. 진정한 크래프트가 대한민국에 흐르기를 바라며. Vote Craft.

공간 속 피어난 크래프트 맥주

신당동이 핫하다. 떡볶이 때문은 아니다. 물론 신당동 떡볶이 타운은 예나 지금이나 사람으로 미어터진다. 매운 향이 확 느껴지는 신당동이지만 뜨거운 기운이 모이는 곳은 떡볶이 타운 길 건너 중앙시장 쪽이다. 요즘 힙당동으로 불리고 있는 키치한 동네다. 중고 기물 가게, 오래된 쌀집, 작은 슈퍼 등 80년대 모습을 볼 수 있다.

신당(新堂)동은 조선 시대부터 신당(神堂)골로 불렸다. 전쟁으로 죽은 이들이 넋을 기리기 위한 무당집들이 많았다고 한다. 1894년 갑오개혁 때 귀신 신(神)이 새 신(新)으로 바뀌었다. 일제강점기에는 서울중앙시장을 중심으로 쌀가게들이 들어섰고 해방 후 전국에서 가장 활발한 양곡 유통 시장이 됐다.

간판과 새시, 벽돌로 쌓은 외벽에는 옛 흔적이 남아있지만 가게 이름은 사뭇 생경하다. 핍스 마트, 아포테 커리, 브릭레인 버거, 주신당, 짐빠 신당, 신당동 것이 아닌 거 같다. 쌀집인 줄 알았는데 치킨을 튀기고, 양곡 창고 같은데 커피를 내리며 가게에서는 힙한 옷들을 팔고 있다. 나 같은 아저씨는 주눅이 들기 좋은 분위기다. 하지만 당당하게 입성!

힙당동에 갔을 때 가장 눈길을 끌었던 곳은 주신당이라는 술집이었다. 입구가 인상적이었다. 곧 무너질 듯한 지붕과 덕지덕지 붙어있는 부적 그리고 문을 지키고 있는 토끼 신은 일본의 허름한 신당을 연상케 한다.

키치한 외관과 달리 안쪽으로 들어가면 신세계가 펼쳐진다. 알록달록한 조명 아래 젊은이들이 빼곡히 앉아 칵테일과 위스키를 즐기고 있다. 아, 이게 뭐지? 너무 어두워 처음에는 적응하기 힘들었지만 다행히 사방에 있는 십이지신이 아저씨의 기분을 금방 풀어주었다.

주신당은 신당동의 유래를 매장 정체성으로 잘 녹여낸 경우다. 가게 콘셉트가 자연스럽게 동네 이름과 연결되며 부가적인 설명이 필요치 않게 한다. 사람들은 신당골의 판타지와 십이지신을 즐기며 공간을 소비하고 있었다. 신당동에 생긴 다른 매장들도 마찬가지다. 원래 있던 양곡 창고, 쌀집, 동네슈퍼 외관과 이미지를 유지하며 알맹이만 바꿨다. 소비자들은 공간이 건네는 역사와 문화를 개별적인 콘텐츠 속에서 이해하고 있었다.

런던에 없는 베이글 가게

신당동과 환경은 다르지만 비슷한 사례를 볼 수 있는 곳이 있다. 북촌 재동초등학교 건너 평범한 건물 1층에 있는 런던 베이글 뮤지엄이다. 내 기억이 맞다면 이곳은 원래 분식집이었다. 새로운 가게가 들어오나 싶었는데, 베이글 간판이 보였다.

내부는 엘리자베스 2세 여왕부터 영국 국기, 빨간 이층 버스로 도배되었고 유럽 빈티지 냄새가 풍기는 의자 테이블이 놓여있다. 런던의 베이글이라. 맥주를 마시러 런던을 몇 번 가 봤지만 베이글 가게는 보기 힘들었다. 베이글은 원래 뉴욕이 유명하지 않은가. 헝가리 뉴욕 이민자들이 전파한 빵이 베이글이다. 출근 시간에 뉴욕 길거리에 가면 베이글을 파는 트럭과 가게를 쉽게 볼 수 있다.

베이글 하면 뉴욕이지! 요상한 고정관념을 가진 나는 이 매장이 잘될 리가 없다고 생각했다. 실제로 처음 갔을 때만 해도 사람이 별로 없었다. 그럼 그렇지. 역시 나의 촉이란. 그런데, 얼마 지나지 않아 새벽부터 베이글을 사기 위해 사람들이 줄을 서는 게 아닌가. 심지어 아침 6시부터 오픈런을 하는 모습도 보였다. 실패를 예상한 나는 입맛을 다셨다. 아니, 도대체 무엇이 사람들을 이끄는 거지?

이곳이 예상을 깨고 순식간에 핫플레이스로 떠오른 이유는 베이글이 아니라 런던에 있었다. 사람들은 런던에 대한 판타지를 소비하고 있었던 것이다. 그 중심에는 영국을 연상하게 하는 인테리어와 공간이 있었다. 정작 영국 국기와 이층 버스, 엘리자베스 2세 여왕이 도배한 베이글 가게는 런던에서 찾아볼 수 없지만.

스페이스덴티티, 공간으로 나를 표현하다

공간이 콘텐츠만큼 중요해졌다. 여러 요소들이 영향을 끼쳤다. 기술적인 측면에서 스마트폰 덕분에 사진 촬영이 쉬워졌고 소셜 미디어를 통해 자신의 삶을 공유하고 표현하는 문화도 정착됐다.

과거에는 무엇을 하는지가 주요 콘텐츠였다면 요즘에는 어디에 머무는지가 중요하다. 이렇게 공간을 소비하고 표현하면서 자신의 정체성을 드러내는 것을 스페이스^{Space}와 정체성^{Identity}을 합쳐 스페이스덴티티^{Spacedentity}, 공간정체성이라고 한다.

공간정체성의 소극적 형태는 팝업스토어다. 브랜드, 캐릭터, 아티스트 팝업스토어는 취향과 관심이 비슷한 소비자들의 놀이터다. 이곳을 방문한 사람들은 한정판 굿즈를 구매하거나 사진을 찍어 소셜미디어에 올린다. 가장 적극적 형태는 거주 공간을 공유하는 행동이다. 자신의 개성과 취향에 맞춰 꾸민 집이나 방을 대중에게 공개해 정체성을 드러낸다.

수년 전부터 공간정체성은 중요한 트렌드로 떠올랐다. 한국 사회에서 다양한 가치들이 인정되고 과거보다 자유로운 환경에서 자란 세대들은 자신을 자유로이 표현했다. 이들에게 공간은 사진과 영상으로 직접 자신을 어필할 수 있는 매개였다. 복잡한 설명 없이 개성과 차별성을 시각적, 효율적으로 전달할 수 있었다.

비즈니스에서 공간정체성은 중요하다. 소비자는 정체성이 투영된 공간에서 가성비의 벽을 무너뜨린다. 가치소비가 이루어지면 돈의 액수는 중요하지 않다. 팝업스토어에서 좋아하는 아이돌 음반이나 캐릭터를 구매하거나 취향이 맞는 카페에서 한 잔에 만 원짜리 커피를 소비하는 건, 과소비가 아니라 가치소비다.

장소Place의 제약도 사라진다. 예전에 매장 위치 중 1급지는 유동 인구가 많은 대로변이었다. 당연히 임대료와 관리비가 비싸고 큰 투자 위험이 수반됐다. 그러나 공간정체성이 뚜렷하면 골목길 2

층이나 한적한 시외 길가에 매장을 오픈해도 운영이 가능하다. 사람들은 소셜미디어를 보고 가고 싶은 곳을 어떻게든 찾아간다. 게다가 그 과정을 탐험과 모험의 과정으로 생각한다.

자연스레 그 속에서 작은 브랜드가 생존할 수 있는 길이 열린다. 자금이 부족하지만 뚜렷한 개성과 아이디어를 상품화할 수 있다면 장소적 제약은 사라진다. 신당동의 작은 매장과 식당들이 생존할 수 있는 이유다. 런던에서 볼 수 없는 인테리어를 가진 런던 베이글 뮤지엄이 오픈런의 성지가 된 것도 마찬가지다. 작은 브랜드가 살아남기 위해서는 공간정체성을 반드시 갖춰야한다.

여행 트렌드도 변했다. 예전 여행을 계획할 때는 랜드마크나 관광지를 정하고 숙소를 정했지만 요즘에는 먼저 숙소를 정하고 주위를 탐험하듯 여행한다. 어떤 숙소에서 머물 것인지가 가장 중요하다. 호텔에 머물며 힐링하는 호캉스도 테마에 따라 다양해지고 있다. 고객은 자신의 감성과 취향으로 꾸민 호텔 룸에 기꺼이 거금을 투자한다.

레트로(Retro) vs 레프로(Repro)

레트로는 복고적인 것을 의미한다. 과거의 감성을 제품이나 공간에 표현하고 드러낸 것이다. 제임스 길모어와 조지프 파인 2세는 『진정성의 힘』에서 레트로 제품을 과거의 디자인을 소환한, 독창적인 제품이라고 설명한다. 옛날 감성을 입힌 것뿐이다. 충분히 더 독창적일 수 있다. 빈티지 옷은 실제 입어서 낡은 것이 아니라, 낡게 보이는 새 옷인 것이다.

비근한 예로 곰표 밀맥주와 경성 1960이 있다. 곰표라는 빈티지 브랜드를 끌어와 맥주에 붙였다. 곰표 밀맥주는 70년대에 없었던, 레트로를 통해 창조된 맥주다. 동대문 경동시장에 오픈한 스타벅스 경성 1960은 레트로를 적극적으로 사용한 매장이다. 오래돼 보이는 인테리어는 모두 꾸민 것이다. 경성에는 이런 장소가 존재하지 않았지만 마치 원래 있었던 것처럼 표현했다.

요즘에는 삼겹살과 대창집 프랜차이즈가 레트로를 적극적으로 활용한다. 그럴듯한, 존재했을 것 같은 인테리어로 마치 70, 80년대 원통 테이블에서 냉동 삼겹살을 굽고 있는 착각을 불러일으킨다. 레트로는 과거 감성을 어필하고 고객들은 판타지를 소비한다.

반면 레프로는 재현된 것Reproduction을 의미한다. 외관은 오리지

널과 똑같지만 알맹이는 완전 다르다. 콘텐츠가 다를 수도 있고 인테리어 또는 메커니즘이 다를 수도 있다. 구형 자동차의 외관은 그대로 두되, 엔진을 최신형으로 바꾼다든지, 시계 껍데기는 원형을 유지하면서 새로운 시스템을 적용한다든지, 라면이나 과자 봉지를 오리지널로 복원하는 예가 레프로다.

앞서 소개한 신당동의 작은 가게들도 여기에 해당한다. 쌀집, 양곡 창고, 슈퍼의 외형을 그대로 사용하되 내부는 카페, 치킨집, 국수 가게로 바꾼 경우다. 레프로 매장에서는 오리지널에 대한 진정성을 충만하게 느낄 수 있다. 사람들은 수십 년 존재했던 감성과 힘을 배경으로 현대적 콘텐츠를 즐긴다.

레트로와 레프로는 공간정체성을 나타내고자 하는 수단 혹은 방향성이다. 고객들이 자신의 정체성과 공간의 정체성을 일치시키는 과정 중심에는 진정성 Authenticity이 있다. 아무리 멋진 인테리어와 감성으로 무장했다 하더라도 진정성이 전달되지 않으면 소비는 이루어지지 않는다.

진정성 그리고 크래프트

얼마 전 제주맥주가 매각됐다. 한때 잘 나가던 수제 맥주가 순식간에 몰락하고 있다. 레트로 맥주의 대표 주자, 곰표 밀맥주도 힘을 잃었다. 진정성이 부족했기 때문이다. 레트로든 레프로든 진정성이 공감으로 이어지면 열성팬이 생기고 지속적인 교류가 발생한다. 그렇지 않으면 일시적 트렌드에 머물 뿐이다.

21세기 들어 모든 브랜드가 진정성을 주장한다. 리얼^{Real}, 어쎈틱^{Authentic}, 원조, 오리지널, 진짜 같은 단어가 붙은 제품을 찾는 건 어렵지 않다. 크래프트 맥주에서 진정성이란 무엇일까?

진정성은 가식적이지 않은 것을 의미한다. 대량생산 시대는 가격과 품질이 중요했다. 이 시대가 막을 내리며 사람들은 기준을 가치에 두고 소비하기 시작했다. 그 과정에서 브랜드와 상품이 나에게 '진실한'지가 중요해졌다. 가치의 시대가 도래한 것이다.

제임스 길모어는 『진정성의 힘』에서 진정성을 교감적 동요를 일으키는 세계관 또는 정체성으로 정의했다. 사람들은 자아를 브랜드에 투영하면서 교감을 할 수 있는 상품과 서비스에 진정성 있다고 느낀다. 자신의 세계관과 정체성에 부합하는 상품을 찾고 소비한다. 진정성은 정체성을 드러내는 매개체다.

한때 협업으로 편의점 매대를 가득 메웠던 수제 맥주들이 사라진 이유와 일맥상통한다. 오래된 브랜드를 맥주에 끌고와 짧은 시간 흥미를 일으켰으나 아쉽게도 진정성을 전달하지 못했다.

사람들은 수제 맥주에서 대중 맥주와 다른 것을 원했다. 풍성한 향미, 높은 품질, 힙한 라벨 그리고 브랜드 스토리까지 차별화된 가치가 맥주에서 드러나길 바랐지만, 실패했다. 수많은 콜라보레이션 맥주에 사람들은 금방 싫증을 냈다. 수제 맥주는 힙함을 잃어버렸다.

나는 수년 전부터 수제 맥주와 크래프트 맥주의 구분을 주장했다. 예전 수제 맥주는 소규모 맥주 제조 면허를 토대로 작지만 개성 넘치는, 양조사의 스토리가 묻어있는 맥주로 인식됐다. 그러나 편의점 4캔 만 원 맥주로 소비되며 이런 가치가 훼손됐다. 진정성을 교감하지 못한 소비자는 결국 수제 맥주에서 멀어졌다.

교감은 다양한 가치에서 일어난다. 지역, 배경, 스토리, 재료 등 공감 포인트는 철저히 개별적이라 통일될 수 없다. 이때 필요한 핵심적인 요소가 체험이다. 크래프트 맥주는 대중 맥주처럼 광고 마케팅을 할 수 없다. 따라서 자신의 가치를 효율적으로 전달할 수 있는 방법이 필요한데, 바로 공간이다.

크래프트 맥주는 자신의 공간을 통해 정체성을 표출할 수 있다. 그리고 고객들은 체험을 통해 교감하고 진정성을 느낄 수 있다. 시간이 걸리는 일이지만 공간정체성이 형성되면 고객은 단순한 관계를 넘어 지지자가 된다. 미국 크래프트 양조장도 직영 펍이나 브루펍을 운영하며 정체성을 알리기 위해 노력하고 있다. 진정성을 드러내는 공간정체성이 크래프트 맥주의 핵심이자 정답이다.

정동의 정체성을 담고 있는 독립맥주공장

나에게는 정동 독립맥주공장이라는 공간이 있다. 정동은 19세기 개화기 문화가 꽃피웠던 장소다. 러시아, 미국, 영국, 프랑스 공사관들이 한때 이곳에 터를 잡았다. 독립맥주공장 뒤에는 덩그러니 혼자 서 있는 러시아 옛 공사관의 흔적이 남아있다. 공사관 옆 쪽문은 고종의 길로 이어진다. 그럴듯한 이름이지만 사실 아관파천의 아픈 역사가 묻어있는 장소다. 정동 수녀원이 있었던 정동 공원으로 내려오면 예원학교가 보인다. 100년 전 이곳에 옛 프랑스 공사관이 있었다.

정동길을 따라 내려가면 구 신아일보 건물과 우리나라 최초의 교회인 정동 제일 교회가 마주보고 서 있다. 제일 교회는 유관순 열사가 체포되기 전, 몸을 숨겼던 장소다. 교회를 따라 오르막길로 들어서면 러시아 대사관의 굵은 철문을 볼 수 있고, 바로 옆에 최초의 근대 교육기관, 배제학당을 만날 수 있다.

제일 교회 맞은편에는 1905년 을사늑약이 맺어졌던 중명전이 있다. 원래 덕수궁에 있었으나 지금은 떨어져 있다. 로마네스크풍으로 지어진 이 붉은 건물은 원래 고종이 외교업무를 보던 건물이었다. 골목 안쪽에 있어 지나치기 쉽지만 꼭 들러야 하는 곳이다. 안에는 을사오적이 일제와 늑약을 맺는 모습이 전시되어 있다. '거듭하여 밝게 알리는 전'이라는 뜻과 달리 망국의 조약이 체결된 중명전을 바라보면 역사의 아이러니를 뼈저리게 느낄 수 있다.

이런 정동에 터를 잡은 독립맥주공장은 정동의 문화 정체성을 담고 있어야 했다. 그렇다 하더라도 노골적으로 그 시대를 드러내면 힙하지 않다. 오히려 이질감이 느껴질 수도 있다. 보일 듯 말 듯, 마치 붓으로 선을 긋는 터치가 필요하다. 먼저, 초등학교 바닥에서 가져온 나무로 테이블을 제작하고 맥주잔과 공사장 등으로 조명을 만들어 키치한 분위기를 조성했다. 황학시장에서 구매한 오래된 타자기, 여행가방, 영사기로 아련함도 보탰다.

19세기 당시 정동사진도 빠질 수 없지. 이화학당과 배제학당 그리고 당시 지도를 구해 액자로 장식했다. 독립이라는 단어를 떠올릴 수 있는 대한제국 시절 태극기를 걸고 매장 앞에 있는 500살

먹은 회화나무를 오마주하는 인조나무도 매장 중앙에 두었다.

나는 사람들이 문을 열고 들어오는 순간, 100년 전 정동을 만나기 바랐다. 동서양의 문화가 폭발했던 그 시절 정동으로 돌아가 현실을 잊고 판타지를 즐기기를 원했다. 공간이 품고 있는 힘에 압도되어 행복감과 즐거움을 느꼈으면 좋겠다고 생각했다.

공간이 정체성을 드러낸다면 맥주는 진정성을 전달하는 존재다. 자연스럽게 맥주는 정동을 품고 있어야 한다. 맥주 이름부터 고민했다. 진한 진정성이 묻어나길 원했다. 독립맥주공장의 시그니처 맥주, 정동다반사는 아름다운 정동에서 맥주를 즐기는 일상을 담고 있는 미국 IPA다. 정동에 오는 모든 사람들이 화려한 홉 향과 화사한 풍미를 즐기며 잠시 걱정을 잊고 행복한 시간을 보냈으면 하는 바람과 기원이 들어있다.

오얏꽃의 꿈은 조선의 독립을 꿈꿨던 대한제국을 그린 미국 페일 에일이다. 오얏꽃은 대한제국을 상징하는 꽃이다. 120년 전 조선은 혼란의 도가니였다. 정동은 조선이 일제의 손아귀로 들어가는 가슴 아픈 역사의 중심에 있었다. 하지만 2025년 정동은 평온하고 아름답다.

이 평화를 얻기 위해 우리는 얼마나 인내하고 견뎌왔던가. 오얏꽃의 꿈은 대한제국이 그토록 바랐던 안온한 일상을 상징하는 맥주다. 우리 조상들이 꾸었던 꿈이 이제 현실이 되었으니, 이보다 더 멋진 역사 반전이 있을까.

만세뒤풀이는 삼일절과 광복절에만 양조되는 호피 골든 에일이다. 광복절에 맥주가 있었다면 우리 선조들은 목이 터져라 만세를 부른 뒤 어떤 맥주를 마셨을까? 갈증을 해소해야 하니 쓴맛이 높으면 안 된다. 그렇다고 밍밍하면 심심할 것 같다. 홉으로 살짝 양념을 넣자. 기분 좋게 취해야 하니 알코올은 조금 높아도 된다.

만세뒤풀이는 만세 운동 후 뒤풀이로 마시는 맥주를 상상하며 만든 맥주다. 기분 좋게, 한 번에 꿀꺽꿀꺽 들이켜며 식민지 아픔을 씻어낼 수 있는 그런 맥주.

공간과 맥주의 정체성이 연결되면 사람들은 크래프트 맥주를 문화로 바라본다. 공감각으로 각인된 기억과 느낌은 공감을 불러온다. 백 마디 말보다 한 번의 체험이 더 낫다. 크래프트 맥주와 동일한 철학과 세계관을 담고 있는 공간은 그래서 중요하다.

이상한 나라로 들어가는 앨리스처럼, 크래프트 세계로 빠지는 구멍으로 들어가는 마음으로 즐겨보자. 그 판타지에 욕망도 행복도 모두 녹아 우리 인생이 더욱 풍성해질 테니.

피지 않은 봄을 달래주는 맥주

이제야 노란 봉우리가 살짝 보인다. 단지 앞 개나리는 봄을 알리는 신호였다. 3월 중순까지 소식이 없어 언제 피려나 기다리던 중이었다. 주차장 입구에 있는 목련도 조금씩 부풀기 시작했다. 작년에는 개나리, 목련, 철쭉, 벚꽃이 한 번에 보여 지구가 망하나 걱정했었는데, 올해는 모두 늦는다.

매장이 있는 정동길도 적막하다. 여기저기 초록색이 보여야 하는데 앙상한 가지만 보인다. 그나마 캐나다 대사관 앞에 있는 500살 먹은 회화나무가 봉오리를 터뜨렸다. 어르신도 저렇게 부지런한데 젊은 나무들이 게으르다. 그들 탓은 아니다. 날씨가 추웠다. 3월 영하 날씨에 제법 눈도 많이 내렸다.

날씨가 따뜻해져야 맥주도 당기는 법인데, 스산하니 손이 안 간다. 그간 지구가 너무 더워졌다. 초등학생 시절에는 5월이 돼서야 반팔을 입었다. 반세기 전 일이다. 수십 년 동안 4월 벚꽃에 익숙해져 있었다. 그래서 올해 3월이 더 추웠던 것 같다.

찬 공기에 옷깃을 여민 채 정동길을 걷다 문득 맥주 하나가 떠올랐다. 복비어Bockbier. 독일에서는 이렇게 일교차가 심할 때 복비어를 마신다. 물론 독일도 기후온난화 때문에 옛날이야기가 됐지만.

그래, 복비어가 있었지. 오래전부터 이맘때 종종 마시곤 했지만 지금처럼 생각나지는 않았다. 몸도 춥지만 마음도 춥다. 작년 12월 이후 대한민국에 아직 봄이 오지 않았는데 날씨만 좋았다면 더 힘들었을지도 모른다. 불쑥 화가 나고 잠도 잘 들지 않아 뒤척이는 나에게 복비어는 신경안정제가 될 듯했다.

복비어를 마셔보자. 복Bock은 독일어로 '강하다'라는 뜻이다. 보통 6% 이상 알코올이 들어있는 독일 맥주에서 볼 수 있다. 마침 냉장고에 독일에서 작년에 사 온 복비어가 있었다. 파울라너 살바토르, 도펠복Doppelbock의 원조 맥주다. 도펠복은 7~9% 알코올 도수를 가진 라거 맥주를 뜻한다. 색은 진한 갈색부터 고동색까지 어두운 편이다.

잔을 찾아보니 전용 잔도 있다. 긴 다리에 볼록한 몸이 성배처럼 생겼다. 라벨에는 영주에게 파울라너 도펠복을 권하는 수도사가 보인다. 표정이 음흉하다. 영주를 취하게 만들어 속마음을 털어놓게 하려는 심산이다. 살바토르, 구세주 맥주라는 이름을 가진 이 녀석을 거부할 영주는 없었을 것이다.

섬세한 건자두와 캐러멜 향, 쓴맛을 휘감는 뭉근한 단맛, 깔끔한 목 넘김까지. 7.9% 알코올을 가지고 있음에도 깔끔하다. 영주 아니라, 영주 할아버지에게 권해도 좋을 만큼 기품이 철철 넘친다.

내친김에 다른 도펠복을 찾아 나섰다. 안타깝게도 파울라너 살바토르는 한국에서 구매할 수 없다. 독일 전통 도펠복 중에 그나마 구할 수 있는 맥주가 아잉거 셀러브레이터다. 아잉거 셀러브레이터는 염소 라벨로 유명하다. 복이라는 단어에는 '강하다' 외에 숫염소라는 뜻도 들어있다. 독일 사람들은 숫염소를 강하고 정력적인 동물로 생각하는가 보다. 셀러브레이터 라벨에는 두 마리의 숫염소가 보인다. 우리나라 가물치보다 세 보이지 않는데.

셀러브레이터는 살바토르에 비해 고동색에 가깝다. 알코올은 6.9%로 더 낮다. 색이 짙은 만큼 초콜릿과 견과류 향이 물씬하다. 깔끔하진 않지만 몽글몽글하니 마시기 편하다. 맥주만 마셔도 좋지만 살짝 숙성된 체다치즈가 있으면 좋겠다. 아니면 초코쿠키도 괜찮다. 함께 먹으면 심심하지 않을 것 같다.

셀러브레이터를 한 잔 하니 작년에 갔던 바이엔슈테판이 떠오른다. 독일 뮌헨에 있는 바이엔슈테판에는 두 개의 복비어가 있다. 비투스와 코르비니안, 두 맥주는 복이지만 다른 스타일이다. 비투스는 밀 맥주, 바이젠복이다. 독일 바이에른 밀 맥주를 의미하는 '바이젠'에 '복'이 붙었으니 알코올이 높은 밀 맥주라는 것을 알 수 있다. 보통 6% 이상, 높으면 8% 알코올을 가지고 있다.

가을 햇살을 받은 비투스는 빛을 투과시키지 않아 뽀얀 황금색을 띠고 있었다. 신선한 바나나 향이 훅 밀려들었다. 7.7% 알코올은 아침에 마시기에 다소 부담스러웠지만 신선한 공기가 괜찮다고 재촉했다. 한 모금 후 비어 가든에서 바라본 풍광은 평온, 그 자체였다. 파란 하늘과 햇살, 맥주 한 잔이 전부였지만 이보다 좋은 호사가 있으려나.

바이엔슈테판의 또 다른 복비어, 코르비니안은 셀러브레이터처럼 어두운 도펠복이다. 알코올은 비투스보다 조금 낮은 7.4%였지만 술이 약한 나는 한 잔을 다 비울 수 없었다. 이럴 때면 술 센 사람들이 부럽다.

뭉근한 초콜릿 향을 목으로 넘기려는 순간 비어 가든 한쪽에서 노랫소리가 들렸다. 할머니 생신을 축하하는 가족들이 부르는 노래였다. 대가족이었다. 독일에서 한국처럼 온 가족이 모여있는 모습이 생경했다. 게다가 일요일 아침에.

맥주잔을 모두 비우지 못한 채 일어났다. 역시 아침에 두 잔은 무리다. 계산을 하고 나가는데 나란히 앉은 70대 노부부가 보였다. 손을 꼭 잡고 비투스를 마시는 두 사람에 눈을 떼지 못했다. 아름다웠다. 한국에서 보기 힘든 모습이었다. 나도 저 나이에 아내 손을 잡고 건강하게 맥주를 마실 수 있을까? 부러운 마음도 들었다. 건강하시라. 이런 게 생각나다니, 평화로운 일상이 그리운가 보다. 비투스와 코르비니안은 한국에 있었는데, 요즘은 어디서 판매하는지 알 길이 없다.

석조전 계단에 앉아

그러고 보니 정동에 복비어가 있다. 개수를 세어보니 꽤 많이 만들었다. '석조전 계단에 앉아', '작은 소녀상', '유관순 빨래터.' 앞에 둘은 바이젠복, 마지막은 도펠복이다. 나는 맥주를 만들 때 이름부터 짓는다. 정동 거리를 걸으며 머릿속에 떠오른 영감을 스마트폰에 기록하곤 한다. 정동 복비어에 붙어있는 이름들도 그렇게 나왔다.

'석조전 계단에 앉아'는 덕수궁 석조전 계단에 앉아 바라본 정동을 담고 있다. 언젠가 벚꽃이 흐드러진 봄에 덕수궁에 갔다. 서울에서 덕수궁만큼 사계절이 아름다운 곳이 있던가. 봄에 가면 겨우내 움츠렸던 몸과 마음이 살며시 풀어진다.

덕수궁에서 가장 좋아하는 장소가 석조전이다. 고전주의 스타일이다. 건축을 잘 모르는 나도 이 정도는 안다. 삼각 페디먼트를 그리스풍 기둥이 받치고 있다. 페디먼트 속에는 오얏꽃 문양이 있다. 나는 이 오얏꽃을 볼 때마다 상념에 빠진다.

1900년, 고종은 대한제국의 국력을 보여주려 석조전을 계획했다. 누군가는 현실을 자각하지 못한 고종을 비웃겠지만, 나는 오히려 혼란한 역사 속에서 무언가를 하려 했던 왕의 모습에 측은함을 느낀다.

석조전은 10년 만에 완성됐지만 이미 이 땅은 우리 것이 아니었다. 정작 고종은 한 번도 사용하지 못한 채, 석조전은 외롭고 이질적인 존재로 100년을 살아왔다. 오얏꽃은 자두꽃을 말한다. 조선 이씨 왕실의 상징이다. 페디먼트 속 피어있는 오얏꽃을 보고 있자면 허망하게 사라진 그 시절의 아픔이 느껴진다. 그래서 슬프다.

석조전에 올라가면 서울의 전경을 볼 수 있다. 덕수궁 돌담길 너머 서울 시청과 우뚝 솟은 빌딩들이 눈에 들어온다. 시청 앞은 항상 시끄럽다. 정치 집회도 자주 열리고, 넓은 차선을 달리는 자동차

소리도 가득하다. 그런데 그날만큼은 조용했다. 한가로운 시청 광장으로 바라보며 문득 '이곳이 이렇게 평화로워진 지 얼마 되지 않았겠구나'라는 생각이 들었다. 평화로운 봄의 일상을 누리고 있음에 감사했다.

'석조전 계단에 앉아'는 봄처럼 밝은색을 품고 있는 바이젠복이다. 빛이 살짝 투과되어 뽀얀 외관은 부드럽고 화사하다. 마냥 발랄할 것처럼 보이지만 속은 은근히 묵직하고 진중하다. 6.7% 알코올과 녹진한 바나나 향은 마치 페디먼트 속 오얏꽃이다. 시련 속에 더 아름답게 보이는 정동의 오얏꽃, 그 자체다.

작은 소녀상

독립맥주공장 이웃, 프란치스코 교육회관에는 소녀상이 있다. 일본 대사관 앞에서 열리는 수요집회에 참여한 이화여자고등학교 학생들이 제안하고 서울에 있는 고등학생들이 십시일반 돈을 모아 세웠다. 1년 동안 53개 고등학교, 1만 6천 명의 학생들이 동참했다. 소녀상 뒤에는 참여한 고등학교 이름이 보인다. 기특한 녀석들. 볼 때마다 어른인 내가 부끄럽다.

프란치스코 소녀상은 다른 소녀상과 다르다. 의자에서 일어나 세상을 향해 활짝 손을 내밀고 있다. 곁에는 평화를 상징하는 작은 나비가 앉아 있다. 나는 출퇴근하며 매일 소녀상에게 인사한다.

가끔씩 소녀상의 모습에 위안을 얻는다. 그 지난한 세월을 견딜 수 있었던 힘은 무엇이었을까? 내가 겪는 고통은 그들에 비하면 한낱 먼지에 불과한 게 아닐까.

언젠가 프란치스코 교육회관에 있는 소녀상을 맥주로 이야기하고 싶었다. '작은 소녀상', 이름은 이미 머릿속에 있었다. 스타일은 어두운 바이젠복, 이 또한 오래전부터 마음속에 품고 있었다. 짙은 갈색이 불투명하게 맴도는 작은 소녀상은 우아하다. 섬세한 건자두와 블랙베리 향은 진하고 향기롭다. 7.9%, 알코올은 높지만 무겁지 않고 깔끔하다.

작은 소녀상은 더 이상 자신을 동정하지 않는다. 적극적이고 당찬 모습으로 위안과 평화의 메시지를 보낸다. 소녀상의 아름답고 향기로운 기운이 모든 이에게 용기로 스며들었으면 좋겠다. 소녀상이 곁에 있어 다행이다.

유관순 빨래터

　이화여자고등학교 안에는 유관순 열사가 빨래를 했던 터가 남아있다. 빨래터를 가만히 바라보자 소녀 유관순의 모습이 그려졌다. 100년 전 이화학당을 다녔던 그녀에게도 꿈이 있었겠지? 빨래를 하며 동무들과 재잘거렸던 그녀의 꿈은 무엇이었을까? 선생님일 수도 있고, 학자였을 수도 있다. 일제강점기가 아니었다면 당찬 근대 여성이 되어 세계를 누볐을 테다. 나는 열사가 아닌, 소녀 유관순이 꾸었던 꿈과 희망을 맥주에 담고 싶었다.

　'유관순 빨래터'는 도펠복 라거다. 구릿빛 외관은 빛이 투과할 정도로 밝고 투명하다. 입안을 채우는 은은한 건자두 향은 유관순의 섬세함이다. 쓴맛도 있다. 하지만 이내 혀 위에서 단맛을 만나 정중동을 이룬다. 7.9% 알코올은 유관순의 정직한 성품을 상징한다. 묵직한 듯 느껴지지만 이내 깨끗한 향으로 바뀌어 날아간다. 어떤가, 당차고 멋진 근대 여성 유관순이 맥주에서 보이지 않는가.

　크래프트 맥주 양조사는 맥주에 생명력을 불어넣는 사람이다. 하나의 맥주가 태어날 때마다 이름을 붙이고 성격을 부여한다. 맥주가 숨을 쉬면 그제야 존재의 이유가 드러난다. 나는 그 존재의 이유를 고객에게 판매한다. 그 속에는 진정성이 충만해야 한다. 그렇지 않으면 사람들은 기꺼이 그 맥주를 마시지 않을 것이다.

사람들이 '석조전 계단에 앉아'를 마셨을 때 평안과 안온을 느끼고, '작은 소녀상'을 마시며 용기를 북돋우며, '유관순 빨래터'를 마시면서 한국 여성들의 강건함을 만난다면, 나는 이 세상 누구보다 행복한 사람이 된다. 나의 진정성이 전달된 것일 테니. 크래프트 맥주란, 사실 별게 아니다.

그래서 맥주는 문화가 된다. 나는 작은 양조장에서 문화를 만드는 사람이다. 이 문화가 우리 공동체에 작은 울림으로 변해 선한 영향력으로 퍼지길 바라며 한 주를 보낸다. 그렇지 않으면 이 일을 할 이유가 없다. 정동 맥주의 존재 이유도 여기에 있다. 그리고 한국의 크래프트 맥주의 길도 그곳에 있다고 믿는다. 맥주가 누군가에게 작은 의미가 되길, 그래서 그들의 인생에 작은 행복이 되기를.

맥주의 유혹

ⓒ 윤한샘 2025

1판 1쇄 인쇄 | 2025년 6월 5일
1판 1쇄 발행 | 2025년 6월 15일

지은이 윤한샘

펴낸이 김리온
펴낸곳 도서출판 아빠토끼
출판등록 제2025-000105호
주소 서울특별시 강서구 마곡중앙4로 22, 파인스퀘어 B동 2층

책임편집 단홍빈
편집 최윤선
표지 디자인 문지선
내지 디자인 VUE
마케팅 최은경
제작처 정민문화사

이메일 hi@paparabbit.co.kr
인스타그램 @paparabbit_books

ISBN 979-11-992663-1-5 03900

- 이 책의 저작권은 저자와 도서출판 아빠토끼에 있으며,
  무단 전재 및 복제를 금합니다.
- 잘못된 책은 구입하신 서점에서 교환해 드립니다.